Siegfried Kademann

Bahngeschichten

Siegfried Kademann

BAHN
Geschichten

transpress

Titelbild: Jürgen Hörstel

Kademann, Siegfried:
Bahngeschichten. –
Berlin: Transpress, 1995. –
128 S., 28 Abb.

ISBN 3-344-71026-5

Einbandgestaltung: Jürgen Schumann
Typografie: Regine Buddeke
Satz: primustype Robert Hurler GmbH, 73274 Notzingen
Druck: Gulde-Druck GmbH, 72070 Tübingen
Bindung: E. Riethmüller, 70176 Stuttgart

Vorwort

Über humorvolle Begebenheiten von Menschen im Umgang mit der Technik und den unmittelbar betroffenen Randgebieten wurden nicht gerade viele Bücher verfaßt, auffallend wenige aber über die Technik des Eisenbahnwesens. Sie zu veröffentlichen ist im Sinn eines besseren Technikverständnisses lobenswert und oft auch recht aufschluß- und lehrreich.

Damit der geneigte Leser weiß, um was es hier geht, sei es klar gesagt: Es ist ein Loblied auf die Technik und die Industrie allgemein, auf die Eisenbahn im besonderen und ganz speziell auf die Leute, die beruflich damit zu tun haben. Aber um frei mit Heinrich Spoerl zu sprechen: Es ist leicht möglich, daß es die Betroffenen gar nicht merken.

Bei meiner etwa fünfzigjährigen beruflichen Tätigkeit für und mit der Eisenbahn ist unfreiwillig eine Fülle von mehr oder minder humorvollen Begebenheiten geschehen. Einige habe ich aufgeschrieben, zum Teil mit Skizzen versehen in der Manier, wie ich sie meinen Gesprächspartnern als Konstrukteur zur Unterstützung des erklärenden Wortes auch stets vor Ort aufgezeichnet habe.

Mit den Geschichten, Anekdoten und Erinnerungen will ich zeigen, daß es auf der ganzen Welt liebenswerte Menschen mit Stärken und Schwächen gibt, die mitunter zum Schmunzeln Anlaß geben. Auch in der Technik kann, darf und soll gelacht werden.

In diesem Sinne wünsche ich allen Lesern bei der Lektüre viel Vergnügen.

Niestetal bei Kassel, im Mai 1995 — Siegfried Kademann

Inhalt

UMAN
HENSCHEL-BBC UMAN
202 003-0

Beim Barras

Im Herbst 1942 war ich zum Militär eingezogen worden, zum Eisenbahnpionier-Bataillon E 4 in Sperenberg bei Berlin, dort, wo heute eventuell der neue Großflughafen gebaut werden soll. Sperenberg liegt im Süden der Hauptstadt, dicht an der historischen Militäreisenbahn Marienfelde–Zossen.

Die Grundausbildung erwies sich als hart, aber abwechslungsreich. Die speziellen Anforderungen waren auf Bau und Betrieb der Feldeisenbahn abgestimmt. Sperenberg direkt war das Ausbildungszentrum für Oberbau und schweren Brückenbau. Dazu gab es im benachbarten Ort Rehhagen-Klausdorf das sogenannte Pionierlager mit den Ausrüstungen für den Gleis- und Brückenbau sowie für Fahrzeuge, Signalmittel usw.

Nach der Grundausbildung suchte man eines Tages nach Fahrpersonal, auch zur Ausbildung. Ich meldete mich und wurde genommen. Die theoretischen Kenntnisse wurden in äußerst knapper Form vermittelt. Ein Feldwebel exerzierte sie rasch und im militärischen Stil ein; dann erfolgte mit Sorgfalt die gründliche praktische Unterweisung. Die ersten Schritte im Fahrdienst schließlich erlernte ich als Heizer auf der HF 110. Nach einiger Zeit wurde befohlen, daß es auch als Lokführer gehen müsse. »Waas, Abiturient sind sie? Sie meinen wohl: ungelernter Arbeiter! Dem ist abzuhelfen – am Sonntag übernehmen sie die Frühschicht.«

Die unbeliebte Frühschicht begann um 4.30 Uhr im Schuppen mit dem Abölen, dem Feueraufbereiten und dem Umsetzen vor den Personenzug. Mein Lehrlokführer fungierte als Heizer.

Der Personenzug bestand aus zwei Drehgestell-Reisezugwagen der ehemaligen Jüterbog-Luckenwalder Kreiskleinbahnen. Die 750-mm-Bahn war Militäreisenbahn geworden und wurde zu Übungszwecken nach Fahrplan betrieben. Die ortsansässige Bevölkerung durfte die Züge benutzen.

Pünktlich fuhren wir ab, doch die Pünktlichkeit ließ sich nicht halten. Erst waren es fünf, dann schon zehn, schließlich volle zwanzig Minuten. Mein *Heizer* meinte, das sei für den Anfang schon ganz gut, und weil Sonntag wäre, säße ja ohnehin niemand im Zuge. Trotzdem war ich ins Schwitzen geraten; mir fehlte die Routine.

Als wir endlich langsam durch die Weichenstraße in den Bahnhof Rehhagen einfahren, steht ein Mann auf dem Bahnsteig. Schreck laß nach – es ist der Standortälteste, General von Donner. Ich habe viel über ihn gehört, er gilt als bissig und unnachgiebig. Er steht dort im feldgrauen Dienstanzug, zwei überbreite rote Biesen an den Hosen, mit viel Gold ausgelegte rote Spiegel an der Jacke. Dazu trägt er einen Erster-Weltkrieg-Stahlhelm mit Nieten an den seitlichen Luftlöchern: Er sieht aus wie ein Wikinger mit Hörnern.

Mein Verlangen zum Grinsen vergeht mir rasch. Kaum habe ich angehalten, brüllt der monokelbewehrte General:
»Lokfahrberechtigter – sofort Meldung bei mirrr!«
Lok sichern und nichts wie hin.
»Pionier Kademann von E 4 meldet si..«
»Feldmütze schief! Korrigieren, sofort!! 20 Minuten Verspätung!!! Was glauben sie denn, wo sie sind??!! Schriftliche Meldung!!!!! Bis sie's können: ausschließlich Frühdienst!!!!!!«
»Jawohl.«

Pünktlichkeit war das Steckenpferd des General von Donner, der sich auf diesem Gebiet sehr sicher fühlte und voll entfaltete.

Neben uns Eisenbahnpionieren lag im Raum Sperenberg noch das Personal des Schießplatzes Kummersdorf (die ersten Raketen wurden dort getestet) und der Heeressportschule Wünsdorf. Dies war ein Deckname für das Oberkommando der Wehrmacht mit seinen 30 Meter tiefen Bunkeranlagen unter dem Kennwort *Maybach* mit der Telefonzentrale *Zeppelin*. Alle diese Mannschaften hatten an zwei Wochenenden im Monat Berlin-Urlaub. Dazu war von Wünsdorf über Zossen bis Rangsdorf die Dampf-S-Bahn und von dort ab die elektrische S-Bahn zu benutzen. Zweimal war also umzusteigen. Und das wurde geübt.

Der Unteroffizier als Übungsleiter teilte die Belegung einer *Bude* in zwei Gruppen zu je zehn Mann. In der Mitte des länglichen Barackenzimmers standen die Tische aneinandergereiht (ohne Stühle), ein Mann wurde als *Lokomotive* kommandiert.
Dann begann es:

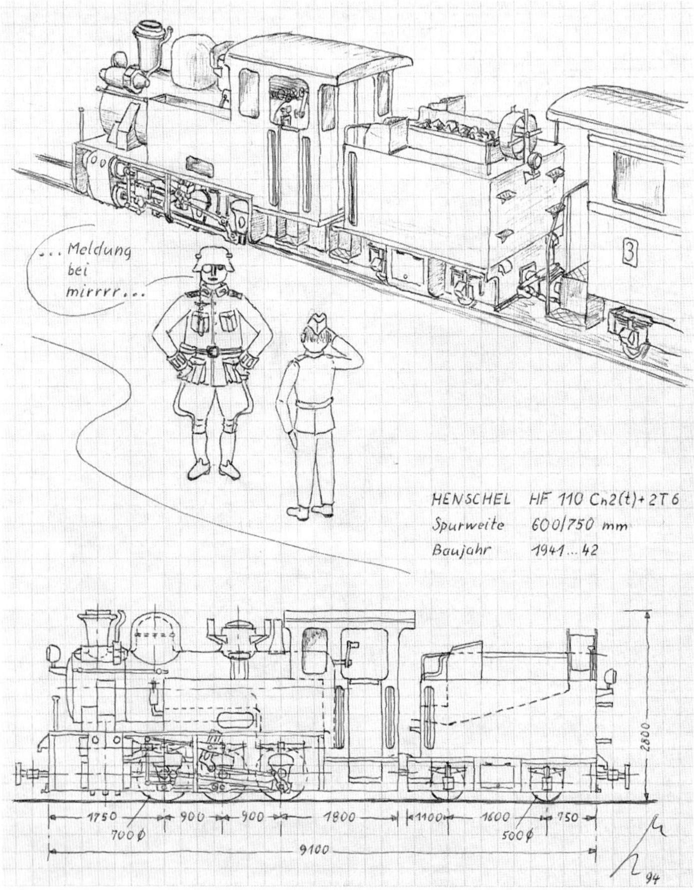

»Sperenberg – einsteigen!«
Wir mußten in die Spinde – in denen sich unsere Sachen befanden.
»Türen schließen!«
Wir taten es.
»Abfahren!«
Die *Lokomotive* trat in Aktion, akustisch: »Tsch, tsch, tsch..«
Dann kommandierte der Unteroffizier:
»Zossen, alles umsteigen!«
Zwanzig Mann verließen ihre Spinde, die einen, in Richtung Berlin be-

fohlenen, krabbelten über die Tische hinweg, die von Berlin kommenden unter die Tische hindurch; alle verschwanden wieder in die Spinde.
»Türen schließen!«
Wir taten es.
»Abfahren!«
Und die *Lokomotive* ließ wieder ihr Tsch tsch tsch hören, bis Rangsdorf befohlen wurde, das Spiel sich wiederholte, aber nach dem Abfahrauftrag nicht etwa wieder das Tsch tsch in Aktion trat, sondern nun das Brummen der S-Bahnfahrmotoren erklang: wwwwwüüüühhhh.., im Ton immer höher werdend, dann ein Pfimmm als Schaltgeräusch, dann wieder das Heulen von Motor und Vorgelege.
Nicht zu glauben, diese Geschichte? Dann fragen sie mal Leute, die beim Militär waren.

Bin im Bilde

Nach der Grundausbildung bei den Eisenbahnpionieren war ich noch zu einem Speziallehrgang im schweren Brückenbau beordert worden und hatte dann meinen Marschbefehl an die Front erhalten.

Am Einsatzort meldete ich mich bei dem Führer der Eisenbahnpioniere für Brückenbau.

»Ist ja merkwürdig, mir so ein Milchgesicht zu schicken. Na ja, mal sehen was sie können«, funkelte der mich zur Begrüßung an. Und schon marschierte er mit mir ins Gelände. Am Ufer des Ingul lagen noch mächtig viele Teile herum, die zu einer 480 Meter langen und bereits begonnenen Brücke über den Fluß zusammengefügt werden sollten.

»So, also, dieser Träger gehört da hinauf.«

Ich war perplex: der Träger etwa 30 Tonnen schwer, die Höhe etwa 20 Meter, ein Kran weit und breit nicht zu sehen. Da sagte ich etwas, was ich nie wieder in meiner Ingenieurtätigkeit wiederholt habe:

»Das geht doch gar nicht.«

Mein Vorgesetzter reagierte auf diese vorlaute Feststellung prompt. Wütend fauchte er mich an:

»So, das geht doch gar nicht. Das hat mir gerade noch gefehlt. Hat man so einen Tausendsassa schon erlebt! Bevor sie hier irgendeine Aufsicht führen, arbeiten sie erst mal praktisch mit.«

Mit Bohlen, Rollen, Hebeln, Winden usw. ließ sich das Problem binnen einer Woche relativ schnell lösen. Glücklicherweise war ich *kopffest*, der militärische Ausdruck für schwindelfrei, und konnte mich in der Höhe nach der Gepflogenheit *eine Hand für dich – die andere für die Arbeit* behaupten. Nach weiteren derartigen harten Lehren hatte ich eine Menge Sachverstand gewonnen, faßte die Probleme ruhiger an und wurde versetzt.

Der neue Chef erwies sich als der Gegenpol des bisherigen. Er wußte hundert Möglichkeiten, der Arbeit aus dem Wege zu gehen, dafür aber jeden noch so verschlungenen Pfad zu *geistigen* Genüssen zu finden. Damit die Aufträge dennoch erledigt wurden, pflegte er schriftliche Vorgänge meist mit dem Vermerk *R* zu versehen, für mich die Aufforderung, zur Rücksprache zu erscheinen. Die verlief in der Regel nach einem festen Schema. Er: »Berichten sie!« Was ich mit äußerst knappen Worten tat, denn Zuhören war nicht seine Stärke. Er: »Bin im Bilde. U n d – was gedenken sie zu tun?« Ich unterbreitete, wieder mit möglichst wenigen Worten, einen Vorschlag. Er: »Genug, bin im Bilde. Äh, machen sie es mal so.« Nach solchem klaren Befehl verschwand ich schleunigst, um ihm keine Möglichkeit für eine Saufkumpanei zu bieten.

Die suchte er indes, wo auch immer er sie finden konnte. In der Nähe lag ein Feldflugplatz. Die Piloten hatten wegen des holperigen Geländes mächtige Schwierigkeiten beim Starten und Landen. Mein Chef erkannte die Gunst der Stunde, wußte er doch sehr gut, daß dem fliegenden Personal Sonderrationen an Alkohol zugestanden wurden. Also knüpfte er Bekanntschaft mit dem Fliegerhorstkommandanten und trug ihm an, das Rollfeld zu planieren und zu walzen. Als Gegenleistung wäre ihm eine Kiste Kognak recht.

Der Platzkommandant war hocherfreut und einverstanden, denn das Risiko für Bruchlandungen war hoch. Also rüsteten wir unsere große Motorwalze auf und schafften sie zum Flugfeld.

Dem Walzenfahrer bot das eintönige Hin und Her wenig Abwechslung. Als er schließlich die Funkbude am Platzrand entdeckte, kam ihm der Gedanke, sich ein wenig Kurzweil zu verschaffen und seine Fahrkunst ins Spiel zu bringen. Er fuhr also auf die Bude zu. Die Funker drinnen sahen mit Entsetzen die frontal auf sie zuhaltende riesige Motorwalze, doch im letzten Moment steuerte der Fahrer grinsend die Maschine um. Mit gewagtem Lenkmanöver wollte er nun haarscharf an der Ecke des Bauwerks vorbeifahren, doch das mißlang, weil unerwartet das Lenkrad blockierte. So walzte er mit großem Knirschen und Splittern die Funkstation flach. Da sich alles quasi im Zeitlupentempo abspielte, konnten sich die Funker mit den wichtigsten Geräten gerade noch in Sicherheit bringen.

Kognak gab es keinen, aber für den Fahrer drei Tage Bau.

Luft

Von 1947 bis 1952 studierte ich an der Technischen Hochschule Darmstadt Maschinenbau. Nachdem 1949 die Vorprüfung abgeschlossen war, kamen endlich auch die Versuche im Maschinenlabor an die Reihe. Das Maschinenlabor mit Dampfkessel, Dampfmaschine, Dieselmotor, Gasmaschine u. a. unterstand Prof. Wälde, der in seinem Glaskasten halbhoch an einer Stirnseite der Halle zu sitzen pflegte. Von dort aus konnte er alles und alle übersehen. Eine Wendeltreppe führte von einer Galerie direkt auf den Hallenboden, wo die meisten der Maschinen installiert waren.

Eine Gruppe von Studenten, zu der auch ich gehörte, hatte Messungen an dem mit Stadtgas betriebenen Körting-Motor vorzunehmen. Alle waren für bestimmte Bedien- und Meßaufgaben eingeteilt, und auch der Assistent mußte tüchtig aufpassen.

Es geschieht trotzdem: Wumm! – Fehlzündung und ein Auspuffknaller. Prof. Wälde sitzt wie gewohnt im Glaskasten. Das Geräusch läßt ihn hochfahren. Da er keine Unruhe bemerkt, will er sich besänftigt wieder niederlassen, als die Maschine weitere Wumm...pfitt, pfitt,

pfitt...Wumm, pfitt, Wumm...von sich gibt. Das scheint entschieden zu viel. Wälde springt auf, kommt auf die Galerie, gestikuliert, scheint etwas zu rufen, aber seine Worte gehen in erneutem Wumm...pfitt, pfitt, Wumm...unter. Wutentbrannt kommt er die Treppe heruntergesaust, eilt an die Maschine, schiebt alle Umstehenden beiseite und stellt am Mischventil das richtige Verhältnis von Gas und Verbrennungsluft ein. Dann dreht er sich hochroten Kopfes zu uns um – er scheint sich über unsere Dummheit maßlos zu ärgern – und schreit »Luft...Luft...Luft!!«.

Erschreckt denken wir spontan an einen Schlaganfall und ähnliches. Wir helfen, so gut wir es vermögen: Einer reißt das Fenster auf, um für frische Luft zu sorgen, andere ziehen ihm die Jacke aus – da fängt er regelrecht an zu toben und zu boxen, bis plötzlich der Assistent herzugeeilt kommt.

»Mein Gott, da sind sie ja!«

Uns ging schlagartig ein Licht auf. Herr Luft, der Assistent, war kurz mal weggewesen, und den hatte Prof. Wälde gemeint, als er nach Luft brüllte! Es dauerte eine Weile, bis sich das Mißverständnis geklärt und die Aufregung gelegt hatten. Besonders unwirsch war Wälde, weil wir das Fenster aufgerissen hatten: »Ich kann mich nicht erinnern, die Absicht geäußert zu haben, die Atmosphäre in Darmstadt mit meinem Heizkraftwerk um ein halbes Grad Celsius zu erhöhen!«, dröhnte er.

Ich war Fachschaftssprecher und hatte die ganze Sache zu bereinigen. Wälde war von der Annahme ausgegangen, daß wir einen üblen Streich geplant hatten, als wir ihm die Jacke auszogen. Wie so etwas künftig zu vermeiden sei, wollte er wissen. »Ganz einfach, Herr Professor«, schlug ich vor, »wie wäre es, wenn sie künftig *Herr* Luft rufen? Dann sind alle exakt informiert.«

Dankschreiben

Nach Beendigung des Studiums war ich 1952 bei Henschel & Sohn als Nachwuchskonstrukteur in die Abteilung für Diesel- und Elektrolokomotiven bei Herrn Lochner eingestellt worden, sozusagen als *der junge Mann am letzten Brett.* Herr Lochner, ein Mann alter Schule, war ein Patriarch und hatte als Chef das Konstruktionsbüro *fest im Griff.* Allerdings war das nicht so einfach. Neuentwicklungen auf vielen Gebieten beschleunigten den technischen Fortschritt ungemein, und immer häufiger geriet er mit seinen Erklärungen in Bedrängnis. Da er zudem ein regelrechter Diktator war, half ihm in solchen Situationen kaum jemand. Im Gegenteil, man ließ ihn auflaufen.

Das geschieht wieder einmal anläßlich einer Besprechung in seinem Zimmer, bei der es um Tagebau- bzw. Abraumlokomotiven, um Drehgestelle und um deren Laufeigenschaften geht. Er kommt mit sich und mit uns nicht zurecht. Schließlich klingelt er nach seiner Sekretärin: »Frau Köllmer, also bitte, bringen sie doch mal die Mappe mit den Dankschreiben.«

Als Neuling merke ich auf. Die Mappe wird gebracht, ist recht gut gefüllt, und nach einer von gelangweiltem Schweigen begleiteten Wahl heftet der Chef ein Blatt aus und beginnt:

»Also, meine Herrschaften, da schreibt mir Herr Reichsbahnrat Tetzlaff von der Direktion in Halle...hm...hm...usw.usf,...aha, hier haben wir's schon,...daß die von Herrn Lochner entworfene und konstruierte elektrische Lokomotivbaureihe E 05 zur vollsten – ich darf wiederholen: zur vollsten – Zufriedenheit läuft.«

Triumphierend schaut er sich um.

»Dieses Schreiben, meine Herren, habe ich wahrlich nicht wegen meiner schönen Nase oder meiner blauen Augen erhalten. Oder, weiter,...hier die Grube Gaschwitz bei Leipzig...die von Herrn Lochner konzipierte Abraumlok zur *vollsten* Zufriedenheit läuft...das dürfte ja wohl genügen, meine Herren. Ich könnte ja alle vorlesen – der Inhalt ist mehr oder weniger immer derselbe – » aber die Arbeit drängt, meine Herren.«

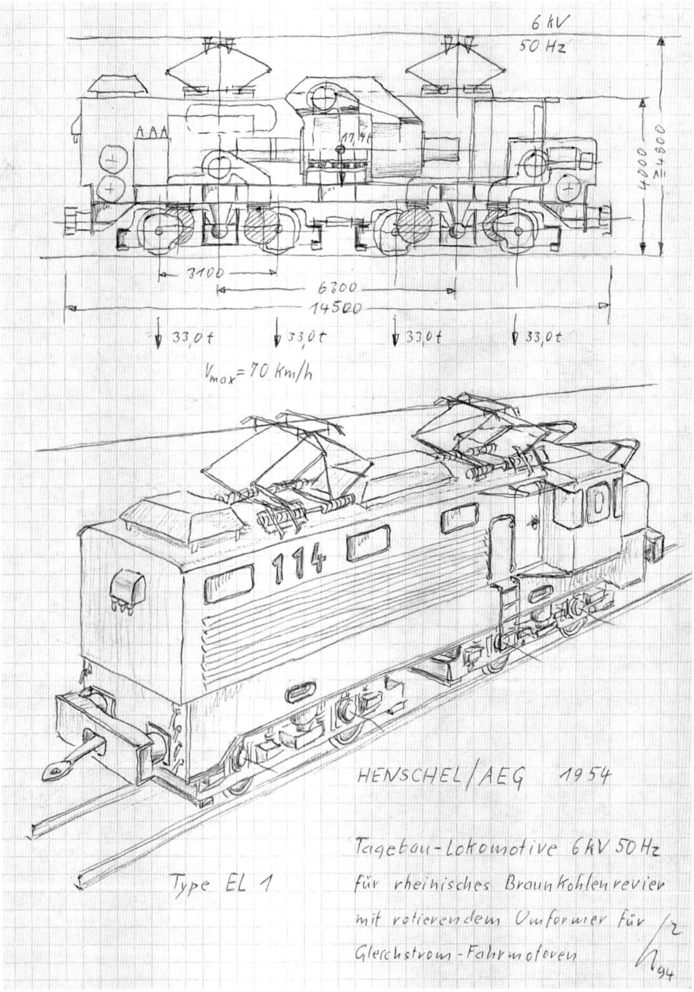
6 kV
50 Hz
17,4t
4000
≥4800
3100
6800
14500
33,0t
33,0t
33,0t
33,0t
Vmax=70 Km/h
114
HENSCHEL/AEG 1954
Tagebau-Lokomotive 6kV 50Hz
für rheinisches Braunkohlenrevier
mit rotierendem Umformer für
Gleichstrom-Fahrmotoren
Type EL 1

Elastische Zwischenglieder

Mein Chef, Herr Lochner pflegte regelmäßig das Konstruktionsbüro zu inspizieren. Von seinem Zimmer ausgehend, arbeitete er sich gleichsam von Brett zu Brett vor, bis er zu Herrn Liese gelangte. Es war sicher kein Zufall, daß er hier gern etwas länger verweilte, denn Herr Liese konstruierte Getriebe, und da fand sich der Chef recht gut zurecht.

Als diese Konstellation wieder einmal eingetreten ist, hat Herr Liese gerade das Getriebe für eine dieselhydraulische Lokomotive mit Blindwellenantrieb auf dem Brett.

»Mhm, mhm, furchtbarer Aufwand, aber der muß wohl sein.«

Und im gleichen Atemzug hebt Herr Lochner an zu dozieren:

»Also, meine Herren, kennen sie die Deutz-Lok mit Direktantrieb, also ohne Getriebe?« Dabei sieht er mich Neuling besonders erwartungsvoll an.

»Ja, die kenne ich.«

»Aber warum die Lok nicht funktionierte, das können sie nicht wissen?«

Ich halte es für besser, zu schweigen.

»Also, ich will ihnen das mal erklären, das geht so: Bei der Dampflokomotive haben sie das große Treibrad, den Kurbelzapfen, die Treibstange, den Kreuzkopf, die Kolbenstange, mhm, mhm,...den Kolben im Zylinder, und dann, ganz wichtig, das elastische Zwischenglied zwischen Kolben und Zylinder, nämlich den Dampf. Da kann nichts passieren.«

Mit dem rechten Arm hatte er während des Vortrags die Treibstange imitiert, mit der linken Handfläche den Kolben.

»Und nun zu der Diesellok mit Direktantrieb: Da haben sie das große Treibrad, den Kurbelzapfen, die Treibstange, den Kreuzkopf, die Kolbenstange, mhm, mhm...den Kolben im Zylinder...«

Offensichtlich sucht er das elastische Zwischenglied, das es hier nicht gibt. Er blockiert vollends und stößt hervor:

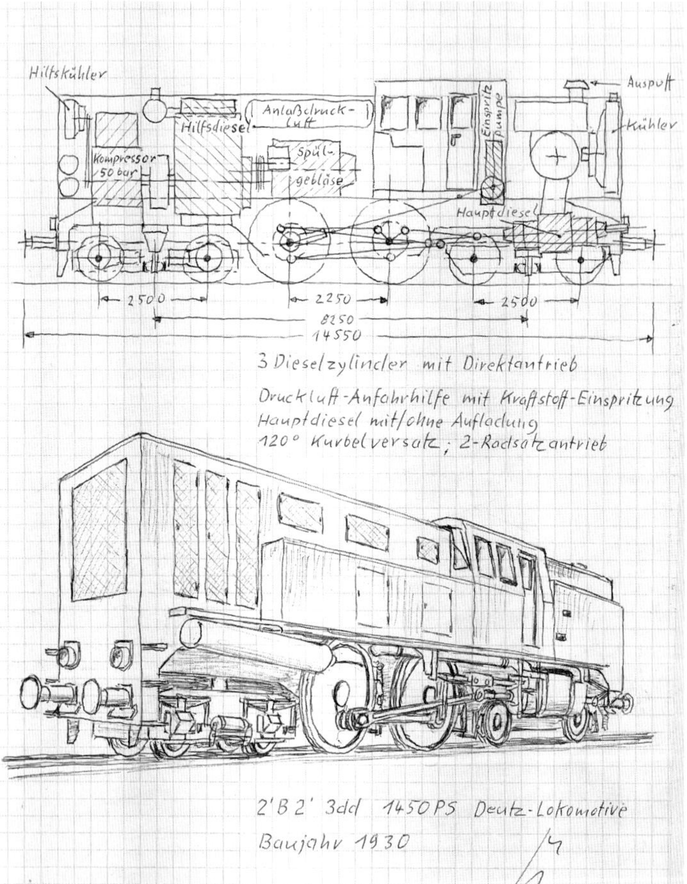

»Meine Herren, bis hierher war es noch richtig, ich glaube ich fange an, Blödsinn zu reden.«

Er wendet sich zum Gehen.

»Ich wollte ja etwas ganz anderes vergleichen: Bei der elektrischen Lok fehlt das elastische Zwischenglied.«

Spricht's, läßt uns sprachlos zurück und verschwindet in seinem Büro.

Rundstahl

Hin und wieder kam es durchaus vor, daß sich der oberste Technische Leiter, Herr Direktor Freitag, ins Konstruktionsbüro verirrte, *um sich ein Bild zu machen.* Er pflegte dann mit einem Stab von Begleitern von Brett zu Brett zu gehen, um dort mehr oder minder geistreiche Bemerkungen fallen zu lassen. Seine Worte wurden aus der Begleitmannschaft durch Kopfnicken unterstützt.

Eines Tages kommt er an den Platz meines Brettnachbarn, sieht sich mit äußerst bedenklicher Miene die seiner Meinung nach unmöglich aufwendige Konstruktion an und runzelt die Stirn: Es wird eine 12 Millimeter dicke Stahlscheibe mit 150 Millimeter Durchmesser verwendet, auf der sich das übrige aufbaut. Als mein Kollege zu erläutern anhebt, erstickt Direktor Freitag unwirsch die Worte des Konstrukteurs und betätigt temperamentvoll das Telefon.

»Materialdisposition? Also, haben wir Rundstahl von 150 Millimeter Durchmesser im Hause? Haben wir? Prachtvoll. Vielen Dank.«

»Arbeitsvorbereitung? Also, es dreht sich darum, möglichst rationell von 150 Millimeter Rundstahl eine Scheibe von 12 Millimeter Dicke abzuschneiden. Was ist da günstiger, Drehen oder Sägen? Wie, Drehen ist schwierig? Ja, dann sägen wir eben. Das ist zu zeitaufwendig? Danke.«

Zu dem Konstrukteur gewandt:

»Mein lieber Herr, das hätten sie zuallererst klären müssen, ehe sie so eine Unmöglichkeit aufzeichnen.«

In der nun folgenden Pause bekommt der Betroffene endlich Gelegenheit, seine schon mehrfach unterdrückte Erklärung abzugeben:

»Also, die Grundplatte soll nicht von Stabstahl abgetrennt, sondern aus einem 12 Millimeter dicken Blech autogen ausgeschnitten werden.«

»So, so – mhm, danke. Das hätten sie aber auf der Zeichnung klarer darstellen müssen, damit nicht erst Mißverständnisse auftreten. Nun, jetzt ist die Sache jedenfalls eindeutig geklärt.«

Befriedigt schreitet der Gewaltige davon, felsenfest überzeugt, soeben einen wesentlichen Beitrag für die Wirtschaftlichkeit des Unternehmens geleistet zu haben.

Transport-rohrleitungen

Wer neu in eine Firma eintritt, tut gut daran, sich bald nach den allgemeinen Gepflogenheiten zu erkundigen. So informierte auch ich mich zunächst über die grundsätzlichen Konstruktionsrichtlinien für Diesel- und Elloks. Der Chef, Herr Lochner, hatte sie festgelegt. Sie besagten u. a., daß die dieselhydraulischen Standardlokomotiven der Typen DH 220 B, DH 360 C und DH 550 D *wie aus einem Guß* zu konstruieren seien. Geprüft wurde das durch Übereinanderlegen der transparenten, in Tusche und im gleichen Maßstab ausgeführten Originalzeichnungen.

Bald merkte ich, daß sich das Verfahren so ideal nicht durchführen ließ. Wohl um endlosen Diskussionen aus dem Weg zu gehen, erschienen die äußeren Umrisse zwar gleich aussehend, jedoch waren viele Maße unterstrichen. Unterstrichene Maße bedeuten eine nicht maßstäbliche Darstellung, d. h., die tatsächliche Ausführung sah etwas anders aus als in der Zeichnung angegeben.

Die DH 360 (380) C für die Ägyptischen Nationalen Eisenbahnen (ENR) war gerade fertiggestellt und stand auf dem Hof zur Begutachtung. Herr Lochner umkreiste sie mehrmals wie ein Gockel das Huhn – und sauste plötzlich ab in sein Büro. Wenige Sekunden später löste er Großalarm aus. Jeder Gruppenleiter hatte an seinem Platz einen Summer, die *Grille,* und der wurde mit Nachdruck betätigt:...biiih,...bäääh,...buuuh,... Stühle rücken, Akten greifen und hin zu Lochner war die geübte Reaktion. Die Gruppenleiter stellten sich sodann erwartungsvoll im Halbkreis um den Schreibtisch des sitzenden Chefs auf:

»...daß die Standardlokomotiven sämtlich, ich wiederhole: sämtlich wie aus einem Guß erscheinen müssen. Das betrifft besonders das Äußere: glatte Formen, keine sichtbaren Rohrleitungen. Und da wären wir beim Thema: Wer in aller Welt ist bloß auf den blöden Gedanken gekommen, bei der Ägyptenlok eine Rohrleitung – noch dazu in einer anderen Farbe – von vorn bis hinten außen zu verlegen? Das ist unmöglich, ja eine bodenlose Frechheit, meine Anweisungen einfach zu ignorieren. Ich verlange...«

Endlich, in einer Pause zum Luftholen, konnte der betroffene Gruppenleiter einhaken. Die Rohrleitung sei nur provisorisch, zur Überführung der Lok, angebracht. Nach dem Transport werde sie selbstverständlich wieder entfernt.

»So, das hätten Sie mir auch gleich sagen können – nicht zu glauben, wenn mich Herr Henschel danach gefragt und ich eine falsche Auskunft gegeben hätte.«

Jahre später. Ich war Chefkonstrukteur für Schienenfahrzeuge bei MaK in Kiel. 1958 wurde die DH G 2000 CC für den Einsatz bei den Finnischen Staatsbahnen (VR; russische Breitspur) umgebaut. Für die Überführungsfahrt mußte wiederum provisorisch außen eine Luftrohrleitung verlegt werden. Außerdem hatten wir seitlich am Rahmen in Drehgestellnähe Anhebepratzen für die Verschiffung angebaut.

Die Lok stand fertig in der Halle. Technischer Geschäftsführer war Herr Dr. Weikart, HoH, wie er hieß, Herr ohne Hände, da er sie immer in den Taschen vergraben hielt. Nützlich hingegen waren die Eisen an den Absätzen seiner Schuhe. Sie verliehen ihm ein sicheres Auftreten und meldeten uns rechtzeitig sein Kommen.

Im barschen Ton wurde ich in die Werkhalle gerufen, ohne zu ahnen, was er wolle. Vor der Lok begann die Kanonade:

»Sie Knallkopp (eine von HoH häufig gebrauchte Anrede), sehen sie denn gar nichts?!«

»Doch, die Lok ist transportfertig.«

»Und was soll diese idiotische Rohrleitung hier außen drumrum? Und noch dazu in einer anderen Farbe?? Sofort abbauen!!!«

Die Werkstattleute hatten sich sämtlich aus Sichtnähe verzogen.

»Und dann noch diese Pratzen, wohl zum Anheben, wie? Sind sie denn nicht bei Troste?? Das reißt doch alles aus!!!«

Und, nach einigen Sekunden theatralischen Schweigens:

»Ich hätte mehr von ihnen erwartet.«

Mehr belustigt als beleidigt, weil mir sofort die schon einmal erlebte Szene wieder lebhaft vor Augen stand, erwiderte ich, daß auch ich mehr erwartet hätte. Wütend funkelte er mich an:

»Und was, wenn ich bitten darf?«

»Sachverstand, und ein bißchen mehr Ruhe, um die Angelegenheit zu erläutern.«

»Bitte.«

»Also: Die Rohrleitung ist eine provisorische Transportrohrleitung, die am Einsatzort wieder abgebaut wird. Und die Pratzen sind ordentlich in die Tragkonstruktion eingebunden, man sieht es nur nicht von außen. Bei einem Mädchenrock sehen sie auch nicht, was drunter ist.«

Herr Dr. Weikart rang nach Luft, drehte sich um und entschwand, mit seinen Absatzeisen klappend, zum Ergötzen der Werkstattleute, die sich plötzlich alle wieder eingefunden hatten.

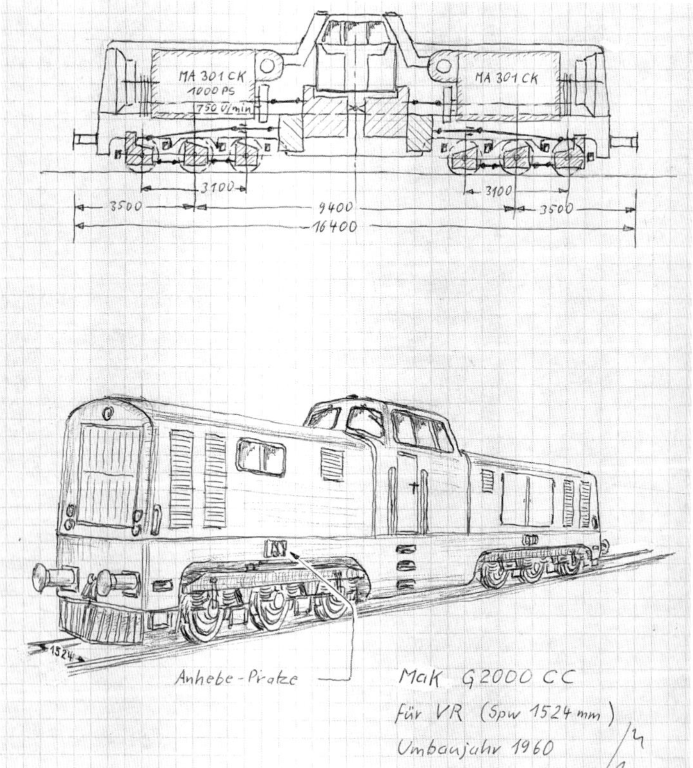

Die spanische Kiste

Bei Henschel mußte ich mich zunächst mit allgemeinen Konstruktionsaufgaben befassen, um, wie Herr Lochner meinte, einen besseren Blick für Lokomotiven zu gewinnen.

Diese Tätigkeit dauerte nicht lange, da es an Konstrukteuren mangelte. Ich wurde bald Gruppenleiter und bekam die sogenannte RENFE-Lok übertragen. Diese sollte eine 550-PS-Rangier-Diesellokomotive mit Sulzer-Motor (Lizenz Henschel) und Voith-Turbogetriebe sowie vier Treibradsätzen mit Kuppelstangenantrieb über ein Blindwellengetriebe werden. Das war für einen Anfänger eine komplizierte technische Aufgabe und zusätzlich kommerziell belastet, weil zehn Maschinen Henschel und zehn Maschinen Krauss-Maffei zu bauen hatte. Henschel war zudem Generalauftragnehmer und trug die Konstruktionsverantwortung. Die Zeichnungsgenehmigungen mußte Henschel von der RENFE einholen, was wegen der Sprachschwierigkeiten und der Mentalität der Spanier nicht einfach war.

Eines schönen Tages war die Lokomotive dennoch fertig. Die Werkprobefahrten auf 1676 mm Breitspurgleis fanden in Kassel statt. Dann wurde die erste Maschine (wegen des Umgrenzungsprofils mit abgenommenem Führerhaus) auf einen Tiefladewagen gehoben und nach Hamburg auf den Weg gebracht.

Ich war noch gar nicht recht froh geworden, das Ding endlich vom Hof zu haben, als am 1. April ein Anruf aus Hamburg eintraf. Unser Monteur war am Apparat und meldete, daß die Lokomotive völlig kaputt sei. »Wie denn, was denn…, soll das ein Aprilscherz sein?« Nein, nein, so beteuerte er, leider nicht. Der Tiefladewagen wäre plangerecht in Hamburg eingetroffen und an den Kai rangiert worden, wo ein Schiff die Maschine übernehmen sollte. Er habe mittels Hafenkran das Führerhaus aufgesetzt und das Fahrzeug versandfertig gemacht: *Free on board ship*, wie es der Vertrag vorsah. Doch plötzlich weigerte sich der Kapitän, die Lok an Bord zu nehmen, machte die Leinen los und legte ab. Die Reederei erklärte, daß sie für die RENFE erst dann wieder Fracht übernehmen würde, wenn die offenstehenden Rechnungen beglichen seien. Schließlich war eine andere Reederei gefunden worden, deren Schiff aber an einem anderen Kai lag. Also habe er sich dorthin begeben, um die Ladeart zu klären.

Inzwischen habe die Lok am alten Kai im Wege gestanden, und da es hieß, sie solle nunmehr andernorts verladen werden, wurde sie flugs umrangiert. Niemand dachte allerdings daran, daß sie, komplett mit aufgesetztem Führerhaus, nicht mehr profilfrei war. So endete die Rangierfahrt bereits am nächsten Portalkran. Zwar sei sie nun profilgerecht, aber Führerhaus und Maschinenvorbau nebst Kühlanlage seien Schrott.

Es gab nur eine Lösung: *Ab nach Kassel.* Dann war es erneut soweit: Versand von diesmal drei Lokomotiven. Bei der Verschiffung in Hamburg ging alles gut, die Fahrzeuge kamen unbeschädigt in Madrid an. Zur Übernahme genügten aber der RENFE die Henschel-Monteure nicht, dazu wurde ein Ingenieur verlangt. Da ich von den Eisenbahnpionieren noch einen Ausweis zum Führen von Diesellokomotiven besaß, fiel die Wahl auf mich. Nun gut, meine erste berufliche Auslandsreise würde also nach Spanien führen. Ich freute mich.

Kaum hatte ich alle Reiseunterlagen zusammen, als eine Nachricht unserer Monteure eintraf. Sie bestand aus einer Liste dringend benötigter Kleinersatzteile, die ich doch – bitte sehr – mitbringen solle. Gut, man half ja gern, zudem im Interesse der Firma, und ich hatte dabei ein kleines, handliches Päckchen vor Augen. Dieses Päckchen entpuppte sich bei der Übergabe, ich traute meinen Augen kaum, als ausgewachsene zwei Meter lange Holzkiste mit dem stattlichen Gewicht von etwa 100 Kilogramm. Dazu drückte man mir eine Inventarliste mit den trostreichen Worten in die Hand: »Sie werden das schon deichseln«.

Aus Kostengründen ist meine Reise mit der Bahn geplant. Darüber bin ich nicht böse, denn ich muß über Frankfurt, Saarbrücken und Paris nach Madrid fahren. Von Paris bis Madrid werde ich den berühmten *Südexpress* benutzen. Außerdem hat man mir die Benutzung der zweiten Klasse (heute erste Klasse) mit Schlafwagen genehmigt.

Die Kiste bereitet in Frankfurt, wo ich umsteigen muß, keine Probleme; Gepräckträger sind reichlich zur Stelle. Sie wird im Gepäckwagen als *Begleitetes Gepäck* untergebracht. Ich gehe genüßlich in den Speisewagen, esse zu Abend und suche mein Schlafabteil auf.

Die erste – damalige – Grenze: Deutschland – Saargebiet. Ich werde gebeten aufzustehen und in den Gepäckwagen zu kommen. Dort zeige ich die Liste, erkläre, daß alle Dinge für meine Arbeit nötig seien, werde entlassen und kann mich wieder hinlegen. Kaum habe ich ein wenig geschlafen, werde ich erneut geweckt und in den Gepäckwagen gebeten: Grenze Saargebiet – Frankreich. Der französische Zollbeamte zeigt sich weniger großzügig. Angesichts der Liste zieht er eine Trillerpfeife aus seiner Uniformjacke und läßt sie durch die Nacht schrillen. Der Oberzöllner kommt. Funkelnden Auges mustert er die Kiste, dann mich. Ein längeres Palaver entsteht, schließlich bedeutet man mir, samt der Kiste auszusteigen.

Das kann ja wohl nicht wahr sein! Ich protestiere. Nun kann so ein Schnellzug nicht nach Lust und Laune von Zöllnern oder widerspenstigen Reisenden unbegrenzt aufgehalten werden. So kommt der Vorgesetzte des Oberzöllners ziemlich rasch. Wieder hebt das Hin und Her an. Plötzlich ein Aufleuchten im Gesicht des Hauptzöllners: »Ah, Monsieur, sie fahren nach Madrid! Es ist also Transitgepäck. Bon, wir siegeln ihre Liste und ihre Kiste. Sie können weiterreisen«. Zwanzig Minuten Verspätung sind wegen der Kiste entstanden, als ich mich wieder ins Schlafabteil zurückziehe.

Früh am Morgen kommen wir im Pariser Ostbahnhof an. Die Kiste und ich stehen auf dem Bahnsteig. Der Express nach Madrid soll am Mittag ab Südbahnhof gehen. Wie dort mit der Kiste hinkommen? Schließlich gelingt es mir mit Hilfe eines Gepäckträgers, eine Spedition zu finden, die den Transport übernimmt. Mit einem Taxi fahre ich hinterher.

Es dauert seine Zeit, aber meine Kiste und ich stehen schließlich auf dem richtigen Bahnsteig. Und: Der Südexpress wird bereitgestellt, zeitig genug, um nicht in Panik geraten zu müssen. Wo ist der Gepäckwagen? Nanu?? Keiner! Gepäckbeförderung beim Südexpress ausgeschlossen.

Die Not ist groß. Da ich nur englisch, die Schaffner aber weder englisch noch deutsch sprechen, kommt keine Verständigung zustande. Das merkt ein Reisender und bietet seine Hilfe an. Der Zugführer wird geholt, es entsteht eine lange, temperamentvolle Diskussion, und am Ende hieven zwei Schaffner, der Reisende und ich die Kiste in den ersten Eingang des Wagens, der gleich hinter der Lok läuft. Der Zugführer dirigiert das Schwerlastunternehmen und verschließt den Eingang. Ich finde Platz im ersten Abteil, nur durch die Toilette von meiner Kiste getrennt.

Dann sitze ich frohgemut mit meinem Helfer im Speisewagen. Seit dem Vorabend habe ich nichts mehr gegessen. Imponierend: Paris–Bordeaux ohne Halt in fünf Stunden. Leider muß mein hilfreicher

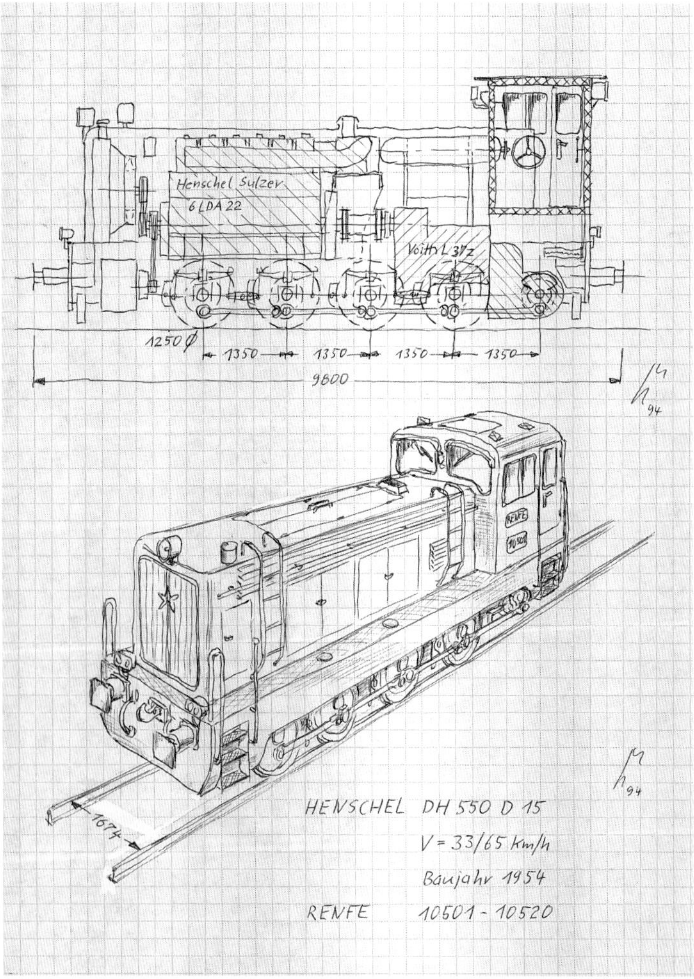

Freund in Bordeaux aussteigen. Weiter geht es der spanischen Grenze entgegen.

Der französische Zoll ist angesichts der Siegel auf Liste und Kiste rasch mit den Formalitäten fertig. Die spanischen Zöllner hingegen lassen einen wahren Wolkenbruch von Erklärungen über mich herabstürzen, zeigen auf die Kiste, auf die Liste – ich verstehe nichts. Und wieder nähert sich ein hilfreicher Mitreisender. »Natürlich ist es nicht erlaubt, solche Dinge ohne Zollgenehmigung nach Spanien einzuführen. Suchen sie sich für die Kontrolle ihres Passes und der Kiste den Aufsichtsführenden heraus. Legen sie in den Paß etwa zehn Prozent vom Wert des Kisteninhalts in Dollarnoten, und geben sie den Paß und ihre Liste dem Beamten. Sie werden sehen, alles wird abgestempelt, sie können die Kiste schließen, und sie wird ihnen in den Wagen getragen. Machen sie sich deswegen keine Sorgen, der Zug fährt nicht ab, bis sie eingestiegen sind.«

Der Mann hat gut reden. Zehn Prozent vom Kisteninhalt in Dollar, ohne Quittung: Wie soll ich das zu Hause meiner Firma bei der Kostenabrechnung erklären?

Doch mir bleibt keine Wahl. Der Paß wird entgegengenommen, die Papiere ebenfalls, der Mann verschwindet. Nach einer Weile kommt eine niedrigere Charge, bedeutet mir, die Kiste zu schließen. Ihm folgen weitere drei Zöllner, einer reicht mir mit spanischer Grandezza den Paß, dann schnappen sie sich die Kiste und schleppen sie in meinen Wageneingang, verstauen sie, salutieren und verschwinden.

Der freundliche Schaffner hat das Theater wohl beobachtet. Er bringt mich in mein Schlafabteil, und für ein Trinkgeld verschafft er mir auch Platz im Speisewagen. Rumpelnd setzt sich der Zug in Fahrt. Die Gleislage ist erbärmlich, und mehr als einmal stürzen Gläser oder Flaschen um. Doch das ruft keinen Unmut hervor. Die trainierten Kellner decken flugs neu, als sei nichts geschehen.

Nach ausgiebigem Schlaf und gutem Frühstück kommen wir am späten Vormittag in Madrid an. Ungläubiges Erstaunen, als ich meinem zweiköpfigen Empfangskomitee erkläre, wir müßten noch eine Kiste vom Schlafwagen abholen. Kaum sind wir in der Lage, das zwei Zentner schwere Riesenbaby auf den Bahnsteig zu heben. Meiner Karriere als gewieftem Dienstreisenden stand nach dieser Prüfung nichts mehr im Wege.

Daneben

Unsere Lokomotiven sollten im Hafen von Gijon entladen werden. Weil das wegen des Seegangs, von dem auch ein Hafen nicht immer freigehalten werden kann, gar nicht so einfach ist, wollte ich mir das ansehen und fuhr mit dem Zug von Madrid dorthin. Das Schiff hatte, natürlich, Verspätung, und so beschloß ich, mit der Straßenbahn zum Strand zu fahren.

Gijon hatte nur eine Straßenbahnlinie. Sie wurde von drei Wagen befahren, von denen der erste die ganze Strecke durchfuhr, der zweite das Mittelteil bediente und der dritte für das erste Streckenstück zuständig war. Der Tarif betrug, umgerechnet, unglaubliche ganze zwei Pfennig!

Ich stieg ein. Es hatte stark geregnet, und viele Pfützen standen auf der Straße. Stellenweise verschwanden auch die Schienen in solchen Wasserlachen. Dem Fahrer schien das nicht zu imponieren: Mit Schwung fuhr er hinein in so eine große Pfütze – und seine Bahn blieb stehen. Die Fahrgäste waren das wohl gewöhnt. Schimpfend und lachend sprangen einige barfuß hinaus und schoben den Wagen aufs Trockene. Mit erheblichem Fahrmotoren- und Getriebegeheul fuhren wir weiter. Vom Klappern bei abgeschaltetem Motor konnte man gut ableiten, daß das Getriebe mindestens zehn Millimeter Zahnspiel haben mußte. Übrigens gab es nur elektrisches Fahren; gebremst wurde mechanisch mit der großen Handkurbel.

Zu meinem weiteren Erstaunen fehlten plötzlich die Schienen. Bei näherem Hinsehen stellte sich heraus, daß die Schienenköpfe völlig abgefahren waren. Auf den verbliebenen Schienenstegen hatten die Räder keinen Kontakt mehr. Wieder schoben die Fahrgäste, und der Fahrer versuchte sie dadurch zu unterstützen, daß er mit einer Brechstange einen Kontakt zwischen der Restschiene und dem Wagenrahmen herstellte. Immer, wenn das gelang, sprühte ein Funkenfeuer auf, und der Wagen machte einen mehr oder minder mächtigen Satz voran. Keinen Einheimischen schien diese abenteuerlich Beförderungsart aufzuregen.

Später hörte ich, daß der Fahrpreis auf drei Pfennig angehoben werden sollte, wobei versprochen wurde, daß niemand mehr zu schieben brauche, weil Schienen und Fahrleitung ausgewechselt würden. Trotzdem hagelte es Proteste gegen die fünfzigprozentige Tariferhöhung.

Am nächsten Morgen liegt das Schiff mit unseren Lokomotiven im Hafen. Es geht tatsächlich mit dem Wellengang am Kai mächtig auf und nieder. Das Ladegeschirr wird an den Kranhaken gehängt. Dann versuchen die Schauerleute, die erste Lokomotive an den Aufhängeösen zu befestigen. Das gelingt, die Seile hängen schlaff durch. Nun ist es an dem Kranführer, den Rhythmus des auf- und absteigenden Schiffes aufzunehmen, um auf einem Wellenberg die Seile plötzlich straff zu halten. Er schafft es nicht ganz. Als sich das Schiff absenkt und die Lok im Geschirr hängt, stößt sie mit dem Führerhaus an den Schiffskörper: Die erste Beule ist drin. Den beiden folgenden Loks geht es nicht viel besser, aber schließlich sind sie entladen.

Schnell stellt sich heraus, daß alle drei Lokomotiven verkehrt herum aufgegleist stehen; wir sollen mit dem Führerhaus hinten nach Madrid fahren. Im Bw Gijon gibt es eine Drehscheibe. Hingefahren, passen die Lokomotiven zwar gerade so auf die kurze Scheibe, aber der Königsstuhl und das Radialgleis sind so ausgeschlagen und geben beim Auffahren derartig nach, daß das Bremsgestänge verbogen wird. Um bei den beiden übrigen Lokomotiven das Gestänge nicht abbauen zu müssen – eine Hundearbeit – lasse ich – Erinnerung an meine Eisenbahnpionierzeit – keilförmige Schienenstücke anfertigen und an der Scheibenauffahrt anschweißen. Das ist zwar nicht optimal, reicht aber aus, um die erhebliche Höhendifferenz zwischen Hof- und Scheibengleis zu überbrücken. Ohne Schaden gelangen beide Maschinen auf die Drehscheibe und wieder herunter.

Am nächsten Tag begibt sich unser Lokzug auf die Strecke nach Madrid. Bisheriges Resultat: drei Aufbauten eingebeult, ein Bremsgestänge verbogen. Bis zum Abend gibt es indes keine weiteren Vorfälle Wir übernachten in Valladolid und erreichen am zweiten Vormittag eine zweigleisige Strecke mit einer guten Gleislage, die Höchstgeschwindigkeit für unsere Rangierlokomotiven zuläßt: 60 km/h.

Urplötzlich geben die Gleise nach. Es geht nach links, nach rechts – Schnellbremsung – wir halten mit einem Ruck. Runter von der Maschine.

Unseren Augen bietet sich ein eigenwilliges Bild: Die ersten Radsätze aller drei Lokomotiven stehen auf dem Sand, das Gleis hat keinen Schotter, nur in Gleismitte befinden sich kümmerliche Reste. Als wir noch staunen, kommt gemächlich eine Gleisbaurotte heran. Sie haben Siesta gehalten, alle fest geschlafen, ein Sichertheitsposten war nicht aufgestellt, wozu auch, sagt der Rottenführer, es war ja keine Zugfahrt angesagt. Was nun?

Zunächst einmal das Gleis sichern. Zu diesem Zweck erklimmt jemand den nächsten Telegrafenpfahl und hängt die Klemmen des Feldtelefons in die Drähte. Nach einiger Zeit gelingt es, die richtige Leitung herauszufinden. Der Rottenführer brüllt in die Telefonmuschel, als wolle er die Entfernung zur nächsten Station mit bloßer Stimme überbrücken. Dennoch versteht man ihn und sperrt die Strecke. Wir gleisen eine Baulore auf und schicken vier Mann los. Ich habe ihnen eingeschärft, was sie unbedingt mitbringen sollen. Wieder kommen mir meine Erfahrungen aus der Eisenbahnpionierzeit zugute.

Es dauert bis zum späten Nachmittag, bis am Streckenhorizont ein Punkt auftaucht, der langsam größer zu werden beginnt und sich zur Lore mit vier Mann entwickelt.

Natürlich gibt es keinen Kran im Bw, aber immerhin haben sie zwei Aufgleisschuhe mitgebracht, alles, was im Bw für solche Zwecke zu finden war.

Aufgleisschuhe hinlegen, sichern, mit Holz unterstopfen – das ist rasch erledigt. Dann Leistung der Lok aufschalten, langsam, ganz langsam anfahren – Brechstange zum Nachhelfen – geschafft. Aber: Bremsgestänge verbogen.

Die nächste Lok hat kein Bremsgestänge, wir hatten es schon auf der Drehscheibe in Gijon verbogen und dort abgebaut. Sie ist dann auch fast im Nu wieder mit allen Radsätzen auf den Schienen.

Den Ausfall des letzten Bremsgestänges können wir nicht riskieren. Also bauen wir es unter großer Mühe aus, gleisen die Lok auf – beinahe schon Routine – und bauen das Gestänge mühsam wieder ein. Als wir weiterfahren, ist es Nacht.

Gegen Mittag des dritten Tages erreichen wir Madrid Nordbahnhof. Zu meiner nicht geringen Verblüffung ist der Bahnsteig voller Leute von der RENFE, die in der Nähe ihre Hauptverwaltung hat. Ich mache mich innerlich bereit auf einen gewaltigen Anpfiff: drei Lokomotiven entgleist und beschädigt. Aber es kommt anders: Beifall, als ich von der Lok steige. Hallo und Schulterklopfen, als ich begrüßt werde. Ich weiß nicht, wie mir geschieht. Dann klärt es sich: Madrid war sofort von unserem Unfall benachrichtigt worden. Der damals einzige Eisenbahnkran war am entgegengesetzten Netzende im Einsatz, und man war ratlos, wie er zum Eingleisen unserer drei Maschinen herbeigeschafft werden könne. In dieser verfahrenen Situation hatten eben alle an ein Wunder geglaubt, als die Meldung eintraf, daß wir uns an den eigenen Haaren aus den Sumpf gezogen hätten...

Büro München

Mein Dienstauftrag nach Spanien zur Übergabe der 550-PS-Rangierdiesellokomotiven an die RENFE war noch nicht völlig abgeschlossen, als mich abends im Madrider Hotel ein Anruf vom Vorzimmer Herrn Henschels erreichte. Ich solle sofort zurückkommen, da ich unmittelbar eine andere Aufgabe übernehmen müsse. Meine Einwände wurden glatt weggewischt: Weisung vom obersten Chef – basta.

Nun gut. Kaum zurück, erklärte man mir folgendes: Sie müssen in München ein Konstruktionsbüro einrichten, also eine Außenstelle von Henschel in Kassel aufbauen. Es ist nichts vorhanden außer Räumen bei der Dieselmotoren-Versuchsfirma *Lanova* in der Dachauer Straße in Moosach. Kaufen sie alles, was für fünf Konstrukteure benötigt wird: Schreibtische, Zeichenbretter usw.usf. Nur: Es muß sofort geschehen. Fahren sie noch zum Wochenende. Rufen sie Herrn Henschel Sonntag vormittag 11 Uhr bereits aus den Räumen der Lanova an; Telefon ist vorhanden.

Tatsächlich quartierte ich mich noch am Sonnabend in München in einem Hotel ein, und am Sonntag früh hatte ich ein umfassendes Gespräch mit Oscar R. Henschel:

»Herr Henschel, das Büro in München ist besetzt.«

»So, hat man *endlich* meinem Wunsch entsprochen. Dann legen sie mal los!«

Ich war erschrocken. Was sollte ich hier tun? Bisher hatte ich noch von keiner Seite eine klare Aufgabenstellung erhalten. Wo und wie sollte ich anfangen? Die Situation wurde nicht besser, als zwei weitere Mitarbeiter eintrafen. Zwar wurde auch die Büroeinrichtung geliefert, aber wir hatten nichts zu tun.

Endlich wurde in Kassel eine Besprechung wegen des München-Büros einberufen. Mir wurde aufgetragen, in enger Zusammenarbeit mit dem Bundesbahnzentralamt München (BZA) eine neue Generation dieselhydraulischer Lokomotiven für die DB zu entwickeln. Im entscheidenden Augenblick erschien Herr Henschel und erteilte mir den Auftrag, für die Firma natürlich die größte Lok hereinzuholen. Mein Einwand, daß vielleicht eine kleinere Maschine ein größeres Geschäft werden könne, wischte er weg: Geschäftspolitik mache er und nicht ich; darum hätte ich mich gefälligst nicht zu kümmern.

Henschel unterhielt in München ein Verkaufsbüro. Der dort tätige Herr Ehgartner wußte gut im BZA Bescheid. Er führte mich ein, besonders im Dezernat 32, dessen Leiter Herr Dr. Friedrich war. Als weitere sogenannte Wissenschaftliche Hilfsarbeiter gab es die Herren Fürst und Happ.

Ich verstand mich mit den Fachleuten vom ersten Tag an gut. Unsere technischen Ausarbeitungen und Fahrzeugentwürfe waren nicht nur interessant, sondern fanden auch die Anerkennung des BZA. Als Abschluß erhielt Henschel den Auftrag für die Entwicklung und Konstruktion der V 320. Den Vertrag unterschrieb Oscar R. Henschel persönlich – traditionsgemäß mit *brauner* Tinte. Das geschah in Indien. Dorthin flog allerdings nicht ich, sondern ein anderer Mitarbeiter.

Als die V 320 schließlich auf den Schienen stand, wurde bereits das Jahr 1962 geschrieben. Doch das ist eine ganz andere Geschichte.

Aus Holz

In München lernte ich Franz Lang kennen, mit seinem Sohn Inhaber der Firma *Lanova.* Lang war ein alter Pionier der Dieselmotorenentwicklung. Seine Lehrjahre absolvierte er bei der MAN in Nünberg; später arbeitete er mit Rudolf Diesel beim Bau seines ersten Motors zusammen. Lang ist u. a. der Erfinder der hydraulischen Hochdruckeinspritzung von Kraftstoff in den Verbrennungsraum und der Schrägkantensteuerung bei der Einspritzpumpe; Bosch hat sie von Lang zur kommerziellen Nutzung gekauft.

Lang war ein freundlicher alter Herr, ein Original, der in seinem Leben allerhand erlebt hatte. Eines Tages erzählte er mir folgende Geschichte.

Kaiser Wilhelm II. besuchte die MAN in Nürnberg, um sich das Werk und seine für den *Aviso Hohenzollern* (kleines, schnelles Kriegschiff mit leichter Bewaffnung als Staatsjacht) bestellte Dampfmaschine in der Fertigung anzusehen. Lang als, wie er sagte, ein *wahllos herausgegriffener Arbeiter aus dem Volke* hatte dem Kaiser bei der Besichtigung *ganz zwanglos und per Zufall* die Fertigung zu erklären. Zu diesem Zweck hatte man ihn in einen neuen, ölfleckenlosen Schlossseranzug eingekleidet, der sogar gebügelt war.

Kaiserliche Hoheit kamen beim Rundgang auch in das Lager, wo die Holzmodelle für die Gießerei abgestellt waren. Majestät zeigten sich höchst interessiert und wollten genau wissen, wie der Vorgang ist, um zum Abguß zu gelangen. Lang erläuterte, wie die Holzform im Sand des Gießkastens eingestampft wird, beim Entfernen einen Hohlraum hinterläßt und der dann mit flüssigem Metall ausgegossen wird. Nach dem Erstarren und Abkühlen, dem Entformen und Putzen ist das Maschinenteil fertig.

»Ah so..kolossal..aus Holz, und..äh, wie sagen sie: eingeformt und abgegossen?..Kolossal..habe verstanden. Und warum sind die Modelle alle rot??«

»Das ist zum leichteren Erkennen, um Verwechslungen auszuschließen. Holzmodelle sind immer rot gestrichen.«

»Interessant, interessant..danke, äh..danke. Wiedersehen.«

Und er säbelte von dannen.

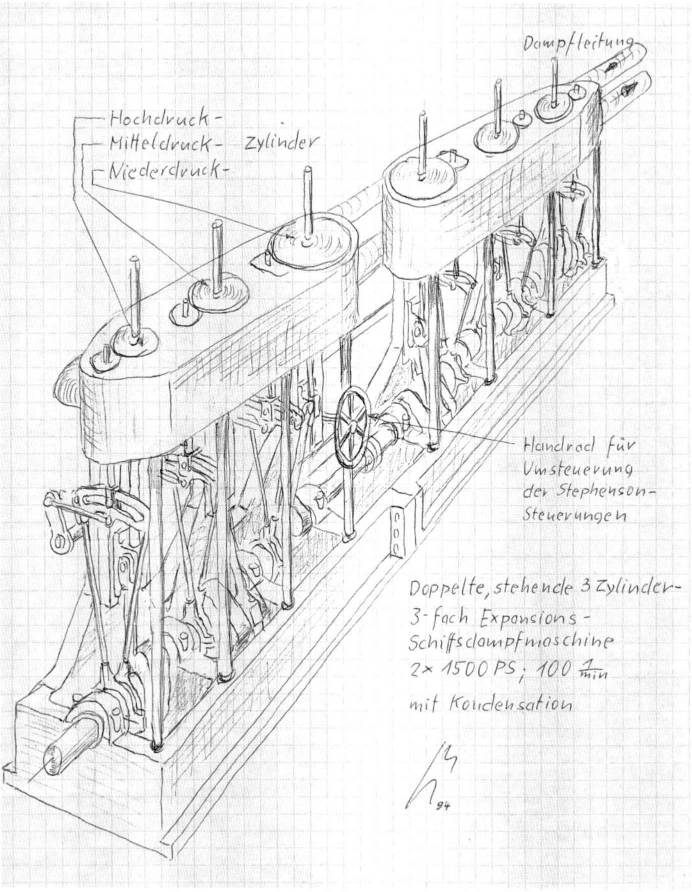

Nach über einem Jahr wurde der Aviso seiner Bestimmung und der kaiserlichen Marine übergeben. Vor der Probefahrt besichtigte der Kaiser das Schiff. Lang mußte im Maschinenraum dabeisein, weil er so gut und einfach erklären konnte, wie seine Kaiserliche Majestät lobend erwähnt hatten. Der Raum war durch elektrisches Licht nicht allzugut beleuchtet, dennoch erkannte Seine Majestät Lang:

»Ah... kann mich erinnern... Nürnberg... habe alles verstanden damals... ausgezeichnet gemacht... werde die Erläuterungen mal selbst übernehmen. Also, meine Herren« – und er stolzierte auf die große

Dampfmaschine zu »klopfte mit der Hand auf das rotbraun gestrichene Maschinengestell – »die ist aus Holz. Kolossal, wie?!«

Lang war perplex und wollte gerade etwas dazu sagen, als ihm der Adjutant ins Ohr flüsterte:

»Seien sie still... um Gottes Willen... Majestät gehen ja schon weiter«.

»Also, danke, danke... ausgezeichnet, mein Lieber – wollte, alle hätten mir so etwas beigebracht. Wiedersehen.«

Als der Kaiser weg war, haben wir lange und laut gelacht: Immer wieder klopfte jemand auf die Maschine, um prustend zu konstatieren: ›In der Tat, die ist aus Holz‹. Später fiel mir ein, daß eine Verwechslung möglich gewesen sein kann. Ich selbst hatte dem Kaiser erklärt, Holzmodelle seien immer rot gestrichen. Im Schein der damals noch leistungsschwachen elektrischen Lampen mag er das Rotbraun der Maschine durchaus für rot angesehen haben.

Aufgegabelt

Eine meiner ersten Aufgaben bei MaK war die Konstruktion einer leistungsfähigen Schmalspurdiesellokomotive für die Alsen'schen Zementwerke. Der Auftrag lag schon einige Zeit vor, Eile war daher geboten. Mit großem Einsatz, auch an den Wochenenden, gelang es, das Fahrzeug binnen eines halben Jahres auf die Schienen zu stellen. Auf einem Tieflader der DB wurde die Maschine sogleich nach Itzehoe geschafft, auf das Werkgleis entladen und vor einen vollen Kreidezug gespannt. Es ging alles gut.

Unsere Diesellok löste zwei Dampflokomotiven ab. Sie hatten längst ihre Leistungsgrenze erreicht und fuhren entsprechend langsam. Dieser gemütliche Betrieb hatte sich der Bevölkerung mitgeteilt, und so nahm jeder das rote Blinklicht an den Straßenkreuzungen erst ernst, wenn der Zug unmittelbar vor dem Überweg zu sehen war; bis dahin wurde fleißig über die Bahn gefahren.

An einem nebligen Herbsttag war es am späten Nachmittag fast schon nachtdunkel. Der Kreidezug fuhr, wie seit Einführung des Dieselbetriebs üblich, mit Licht und laut tönendem Signalhorn über die Strecke mit ihren Bahnübergängen. Plötzlich sieht der Lokführer eine menschliche Gestalt auf dem Umlauf seiner Lokomotive. Sie kommt wankend näher, klopft an die Stirnfensterscheibe und ruft:

»Halt! Menschenskind, halt' sofort an!«

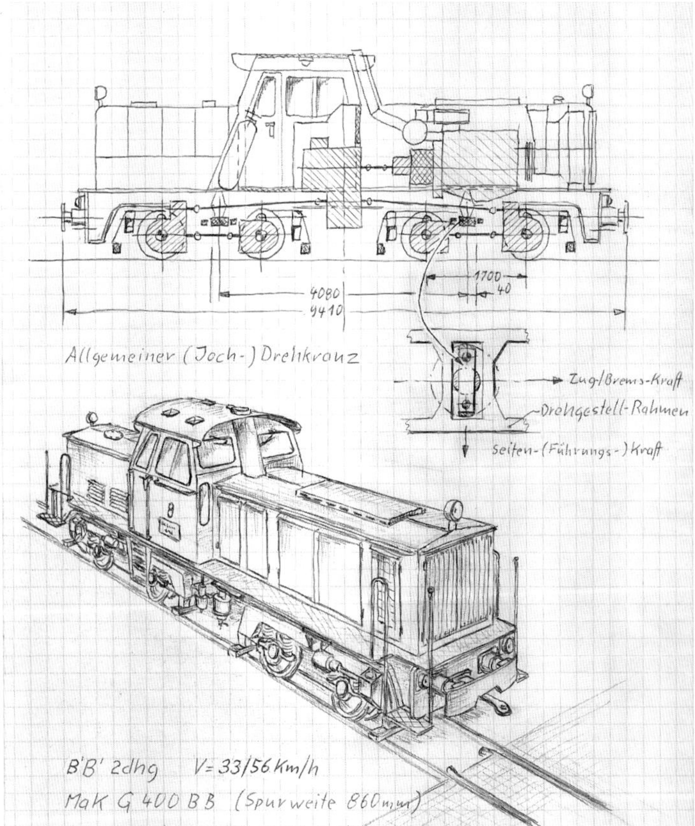

Der Lokführer leitet reaktionsschnell die Schnellbremsung ein. Dann erst fragt er:

»Was ist denn? Und wo kommst du überhaupt her??«

»Ja, hast du denn nicht gemerkt, daß deine Lok mein Auto am Überweg aufgegabelt hat? Es ist völlig hin!«

Rasch stellte sich heraus, daß der Autofahrer gewohnheitsgemäß trotz roten Blinklichts den Übergang befahren hatte, weil er mit der Langsamkeit des Zuges gerechnet und bei der Annäherung an das Gleis noch keine Zugspitze gesehen hatte. Ihm war nicht bewußt geworden, daß die Diesellok den Zug mit der doppelten Geschwindigkeit beförderte. Gerade, als er mit seinem Pkw die Gleismitte erreicht hatte, bohrte sich die Kupplung in die Beifahrertür, hob das ganze Auto an und trug es vor der breiten Pufferplatte mit. Trotz des Entsetzens war der Fahrer nervenstark genug gewesen, sein Fahrzeug über den Ausschnitt des Schiebedaches zu verlassen und auf die Lokomotive zu klettern.

Explosionsgeschützt

Chemische Betriebe stellen häufig Flüssigkeiten und Gase her, die nicht allein brennbar, sondern auch explosiv sind. Will man in solche Bereiche mit Diesellokomotiven einfahren, müssen sie mit Einrichtungen versehen sein, die eine Explosionsgefahr ausschließen. Beim Dampfbetrieb half man sich mit feuerlosen Speicherlokomotiven. Beim Dieselbetrieb sind die Aufwendungen umfangreich und teuer, so daß die Betriebe gern auf Lokomotiven mit Sondereinrichtungen ausweichen, die zwar eine Explosionsgefahr mindern, nicht aber als explosionsgeschützt nach den Bestimmungen der Physikalisch-Technischen Bundesanstalt Braunschweig bezeichnet werden dürfen.

Es war bei Verhandlungen über eine Lokomotive für Dynamit Nobel Walsrode, als der Betriebsleiter die folgende wahre Geschichte zum besten gab:

»Im vergangenen Krieg mußten wir unsere feuerlosen Dampfspeicherlokomotiven zum Einsatz in den besetzten Gebieten abgeben. Als Ersatz erhielten wir Pferde, die anstelle der Lokomotiven den Kesselwagentransport übernehmen sollten. Kaum waren die Gäule eingesetzt, da rummste es in der Wasserstoffanlage: Ein Kesselwagen war mit beiden Tieren in die Luft geflogen. Der Grund: Die Pferde hatten mit ihren Hufeisen auf dem Pflaster gescharrt und an den Steinen Funken geschlagen, die das hochexplosive Gas entzündeten. Großes Erstaunen. Dann verpaßten wir den Pferden Huf*eisen* aus Rotguß – und es war Ruhe. Deshalb können wir sagen, daß Dynamit Nobel Walsrode wohl der erste Betrieb der Welt war, der explosionsgeschützte Pferde besaß.«

Dünnes Blech

Bei der MaK hatten wir einen Auftrag über eine dieselhydraulische 1200-PS-Lokomotive mit zweimal drei Treibradsätzen und nur einem Turbogetriebe in Quermitte Fahrzeug erhalten. Da die Drehgestellrahmen aus Stahlguß hergestellt werden sollten, war das Einhalten des Gewichtes so schwierig wie die Einhaltung der Schwerpunktlage wichtig war. Wir entschlossen uns daher, den Brückenträger zwar leicht, aber bausteif herzustellen und wählten dazu eine Schweißkonstruktion aus relativ dünnem Blech.

Da unser Auftraggeber in Nigeria beheimatet war, unterlagen die Bauaufsicht und die Bauabnahme den *Crown Agents,* einer Institution der englischen Krone, die über die einheitliche Beschaffung von Material für die Kolonien und die Commonwealthländer zu wachen hatte. Das galt von Briefmarken bis Hosenknöpfe, von Bohrmaschinen bis Lokomotiven.

Crown Agents haben ihren Sitz in London in der Mill-Bank, unweit des Parlaments, in einem stattlichen Gebäude. Die Behörde war entsprechend ihrer Aufgabe groß, schwerfällig und konservativ einge-

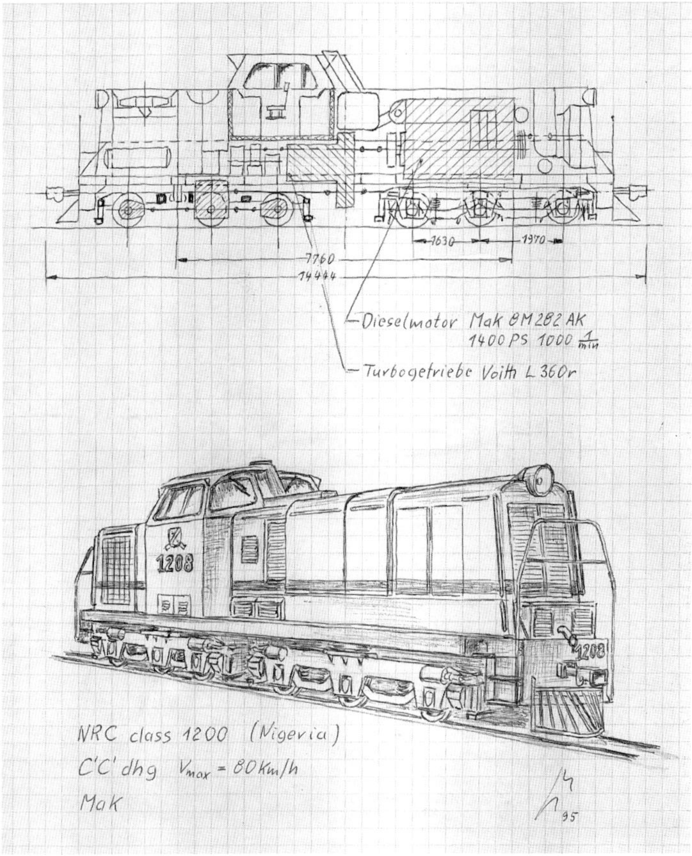

stellt. Als wir den Brückenträger zur Genehmigung eingereicht hatten, wurde er prompt abgelehnt. Begründung: Verwendung viel zu dünner Bleche, die den nigerianischen Anforderungen nicht entsprechen. Empfehlung: Keine Bleche unter 3/4 Zoll, 19 mm also.

Damit war die Lokomotive ohne Überschreitung des geforderten Gesamtgewichtes nicht zu bauen. Unsere schriftlichen Gegenargumente stießen bei den *Grauen Agenten*, wie wir die Crown Agents unter uns nannten, auf Blindheit. Also blieb nur der Weg zu prüfen, ob sie auch taub sein würden. Wir meldeten uns zu einem Besuch in London an.

Der Fahrstuhl, für vier Personen zugelassen, aber gerade nur zwei fassend, brachte mich nach oben. Ich erläuterte die Konstruktion. Sie hörten mir in großer Ruhe stocksteif zu. Das Ergebnis: erneute Ablehnung. Das konnte ja wohl nicht wahr sein! Höflich bat ich um ein Gespräch mit dem obersten Chef der Behörde, mit Sir Harold Black. In der Tat, nach mehreren Telefonaten erhielt ich kurzfristig einen Termin.

Sir Harold saß hinter einem gewaltigen Schreibtisch. Er hatte meine bisherigen Gesprächspartner hinzubestellt und ließ sich nacheinander meine Ausführungen und die seiner Behördenleute vortragen. Dann verlangte er, ihm in der technischen Spezifikation Angaben zu den Mindestblechstärken für den Brückenträger zu zeigen. Die gab es nicht. Sir Harold murmelte eine kurze Entschuldigung im Namen seiner Behörde und verkündete seinen Urteilsspruch: Da vom Auftraggeber keine Blechdicken vorgegeben sind, liegt es im Ermessen des Lieferanten, wie dick er sie wählt. Den Nachweis, daß die Werte ausreichen, hat der Hersteller selbstverständlich zu erbringen.

Nach 15 Minuten waren wir bereits auf dem Rückweg ins Zimmer des zuständigen Prüfungsbeamten. Der Brückenrahmen bekam sein *approved – but with protest.*

Die übliche Verspätung

Die *Übergeordneten Besprechungen* wegen der Beschaffung dieselhydraulischer Rangierlokomotiven mit Suri-Turbogetriebe in Neu Delhi waren beendet, und ich sollte zu weiteren technischen Beratungen nach Chittaranjan in Westbengalen fahren, in der Nähe von Kalkutta; natürlich mit dem Zug. Daß dies eine Zwei-Tage-Fahrt sein würde, zur damaligen Zeit – 1957 – natürlich mit Dampflokomotiven, wird mir erst beim Studium des Fahrplans klar.

Ich habe noch keine Erfahrung mit Eisenbahnreisen in Indien. Schon der Fahrkartenkauf und die Platzreservierung sind ein Problem und eine Tagesarbeit: Antrag bei der Fahrkartenstelle mit Fragen nach

Woher und Wohin, wann, welche Klasse; am nächsten Schalter Prüfen der Angaben und Platzreservierung; am dritten Schalter schließlich Rechnung ausschreiben, bezahlen; mit den Unterlagen an die Ausgabe. Endlich die Fahrkarten.

Meine Partner vom Eisenbahnministerium in Neu Delhi, mit denen ich verhandelt habe, sind um mein Wohlergehen sehr besorgt. Sie haben alle möglichen Bahnstellen unterrichtet, wann ich mit welchem Zug fahren würde. Die Stationsmeister, Schaffner, ja sogar Lokführer sind informiert, damit ich nur richtig ankomme.

Bei der Abreise in Neu Delhi gibt es keine Komplikationen, ich bin rechtzeitig am Bahnhof, und auch mein Gepäck ist vollständig. Das Schlafwagenabteil ist reserviert, der Schaffner instruiert, das Bettzeug auf dem Bahnsteig gekauft – mir kann nichts Unvorhergesehenes passieren.

Natürlich sehe ich mir bei jedem Unterwegsaufenthalt und Lokomotivwechsel die Maschinen an, jedesmal den Schaffner in große Sorge versetzend, daß ich mein Abteil wieder erreiche. Das geht einen Tag lang gut. Dann ist wieder ein Lokwechsel. Was sehe ich da? Kommt da eine tipptopp gepflegte Schnellzugmaschine hergerollt, Klasse WP – wie frisch aus der Fabrik oder noch schöner: polierte Pufferteller, Kesselringe aus Edelstahl, die Kupferrohrleitungen blank geputzt, weiße Radreifen, Verzierungen an der Rauchkammer und was dergleichen Dinge mehr sind. Die Mannschaft aus drei Heizern und einem Führer bestens angezogen: der Meister in einer blauen Hose mit Bügelfalte, weißes, gebügeltes Hemd mit Brandlöchern vom Funkenflug als besonderes Zeichen seiner Würde, ein schwarzes Kopftuch, nach Piratenart geknotet. Als er mich sieht, kommt er herunter und lädt mich auf den Führerstand ein. Die nächste Überraschung: auch hier oben alle Rohrleitungen blank geputzt, die Manometergehäuse ebenso – über der Feuertür ein aus Messingblech handgetriebenes Modell seiner Lokomotive, und dann – die dunkle Decke des Führerstandes voller gewienerter Messingsterne. Auf sein Kommando wird die Feuertür aufgerissen: Alle Sterne an der dunklen Decke funkeln im Widerschein des Feuers.

Der Lokführer erklärt mir, daß er wisse, wen er fahre. Er sagt, daß der Zug jetzt zwei Stunden Verspätung habe, aber er verspreche, daß keine weitere Verspätung hinzukomme. Er habe mit den Stationen telefoniert und allen die Dringlichkeit und Außerordentlichkeit des Zuges mit seinem Fahrgast klargemacht.

Na, gut. Da es Zeit zum Abendessen ist, gehe ich zurück ins Abteil. Mein Schaffner ist wieder einmal froh, und ich erzähle ihm von der Lokomotive und der Mannschaft und dem Versprechen, keine weitere Verspätung zuzulassen. Der Mann lacht aus vollem Halse:

»Ich fahre seit über zehn Jahren auf dieser Strecke, mit diesem Zug. Bis sie morgen früh aussteigen müssen, legen wir bequem noch eine Stunde zu. Auch versprochen!«

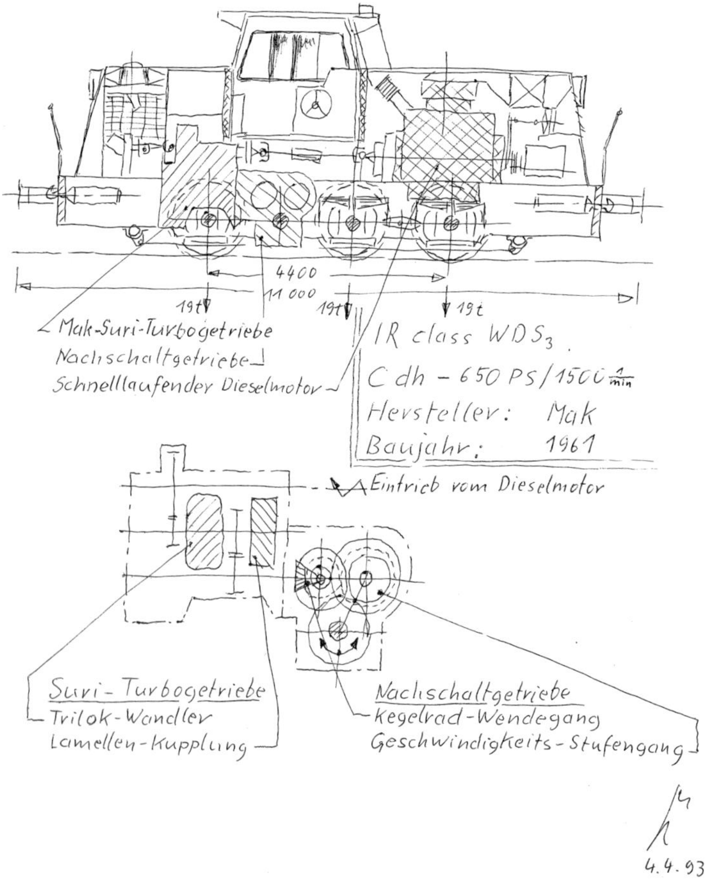

Inzwischen rasen wir wie ein Gespensterzug durch die Nacht: Ratternd, stoßend, mit einer Geschwindigkeit, daß das Abendessen wegen der rutschenden Tassen und Teller zu einem Kunststück wird. Nach dieser Anstrengung gehe ich schlafen und schärfe dem Schaffner noch einmal ein, mich pünktlich zu wecken.

Fast in Panik reiße ich das Fenster auf, weil irgend etwas heftig an mein Abteil wummert. Morgenhelle. Draußen lachend der Lokführer:

»Keine Verspätung dazugekommen. Wir sind in Asansol. Sie müssen aussteigen!«

Tatsächlich. Der Schaffner hat mich nicht geweckt. Er hat seine innere Uhr mit der eingeplanten Verspätung laufen lassen und schläft noch. Im Nu packe ich meine Siebensachen zusammen und stehe wenige Minuten später im Schlafanzug auf dem Bahnsteig. Fröhlich winkt der Lokführer von seiner Maschine her, zieht kräftig an der Dampfpfeife, und ab geht der Zug. In der Tür steht ein verdutzter Schlafwagenschaffner. Ich fühle mich in dem leichten, bunten Schlafanzug unbehaglich. Aber meine Bekleidung fällt nicht auf, hier in Indien.

Es ist verabredet, daß man mich abholt. Von den Abholern indes keine Spur. Auch sie haben die übliche Verspätung fest einkalkuliert und kommen anderthalb Stunden später gemütlich mit dem Jeep angetrudelt. Großes, ungläubiges Erstaunen über den pünktlichen Gast und seine echt indische Bekleidung.

Später wurde in den Chittaranjan Works diese Begebenheit oft erzählt und von Mal zu Mal mehr ausgeschmückt. Die letzte Version war, daß ich den Zug selber gefahren hätte, um zu zeigen, wie man so etwas mache.

Indische Taxi

Es war Ende der fünfziger Jahre nicht ganz einfach, von Indien wegzukommen. Das Problem bestand darin, daß in Neu Delhi die Gesellschaften ihre Flüge nach Europa mitternachts starteten. Der Weg zum

Flughafen per Taxi war schon recht einsam, Vorsicht war geboten. Nicht aus kriminellen Gründen, nein, die Sache hatte ganz andere Haken.

Das Taxi sollte gleich kommen. Es ist noch vor Mitternacht, als es endlich vor dem Hotel hält. Üblicher Check: Selbst gesehen, daß die Koffer eingeladen sind, Öl für Motor korrekt, Luft auf allen Reifen, Benzinuhr zeigt fast auf voll. Gut, ab geht die Fahrt. Ausreichend Zeit für Zwischenfälle habe ich eingeplant.

Der Weg führt durch Neu Delhis leere, nächtliche Straßen. Doch was war das? Der Motor stottert. Anfangs wenig, dann immer mehr. Der Fahrer macht mit seinem Oberkörper pendelförmige Längsbewegungen, so, als wolle er Schwung zum Vorwärtsfahren erzeugen. Sein naiv-unschuldiges Gesicht spricht Bände: Kein Benzin mehr; die Anzeige steht allerdings nach wie vor auf fast voll. Nicht aufregen, es ist ja noch Zeit.

Der Fahrer reißt die Motorhaube auf, dann den Kofferraum, schließlich die Fondtür, wo ich sitze. Alles sei in Ordnung, erklärt er, wir hätten nur kein Benzin mehr. Aber ganz in der Nähe sei eine Tankstelle, er habe einen Kanister.

Was er hervorholt, faßt nicht mehr als zwei Liter. Na ja, bis zum Flughafen könnte es reichen. Doch der Fahrer steht noch immer da. Kleinlaut gesteht er, daß er kein Geld hätte und um einen Vorschuß bitte. Wie der Blitz saust er nun los. Vorsichtshalber gehe ich bis zur Ecke hinterher. Tatsächlich, da bummelt er in aller Gemütsruhe hin und beginnt wieder zu rennen, als er mich entdeckt.

Gute 200 Meter vor dem Flughafen beginnt der Motor erneut zu stottern. Inzwischen ist es höchste Zeit für mich zum Check-in, ich höre aus einem Lautsprecher meinen Namen: *Mr. Siegfried, booked on Lufthansa...* Kollegen meines Taxichauffeurs erkennen die Situation, helfen schieben, greifen das Gepäck, bringen mich zum Schalter. Ich hab's wieder einmal geschafft.

Bei einer meiner nächsten Dienstreisen nach Indien sollte ich erfahren, daß diese spezifische Taxikalamität nicht auf die Nachtstunden beschränkt ist. Wir wollten frühmorgens von Neu Delhi mit dem Zug weiter nach Lucknow fahren, um über Rangierlokomotiven zu verhandeln.

Das Taxi, das endlich vor Claridges Hotel hält, ist ein uraltes, wackliges, instrumentenloses Modell. Wir müssen es nehmen, denn die Zeit ist schon fortgeschritten. Ich überzeuge mich, daß meine Koffer im engen, schmutzigen, mit Werkzeug vollgestopften Kofferraum verstaut werden, ebenfalls die des mitreisenden Kollegen.

Im dauernden Zickzack – wegen des Spiels in der Lenkung –, unter fortwährendem Hupen und Bremsen und Anfahren geht es in Richtung Bahnhof, bis plötzlich nach einem Ruck der Wagen rechts hinten durchhängt. Er läuft nun wie auf einer mit kleinen Buckeln gespickten Fahrbahn. Der Driver lacht, kurvt auf den Bahnhofsvorplatz ein, hält mit einer scharfen Bremsung und macht die Türen auf: sehr elastisch, denn die Scharniere haben keine Drehbolzen mehr; die Türen werden mit Draht gehalten.

Als die Kofferraumklappe hochsteht, sehen wir die Bescherung: alles verkeilt. Der rechte Federbock ist gebrochen, die Wagenfeder in den Kofferraum geraten und hat sich am dort liegenden Zahnstangenwagenheber abgestützt. Jedoch: Das eine Ende des Wagenhebers hat die Last der Blattfeder aufgenommen, während sich das andere Ende ein Widerlager am Koffer meines Kollegen gesucht hat. Natürlich hat der Koffer nachgegeben und der Wagenheber sich durch den Koffer gebohrt, bis eine gewisse Gleichgewichtslage zwischen Blattfederende, Wagenheber, Koffer und Kofferraumrückwand hergestellt war.

Während ich fürchterlich lachen muß, zeigt mein Mitreisender keinerlei Humor. Bei der Schimpfkannonade, die er losläßt, geht sogar seine Pfeife aus. Der Fahrer, ein Sikh, steht wie eine Salzsäule da. Was tun? Mit Hilfe anderer Taxifahrer – schließlich ist es eine Hebemannschaft von zehn Mann – kann die Tragfeder entlastet und der Wagenheber samt Koffer herausgezogen werden. Meinem Kollegen geht zum zweiten Mal die Pfeife aus: Ein unregelmäßiges Loch mit Fetzen seiner Kleidung und Aktenunterlagen wird sichtbar.

Wir erreichen noch den Zug, ramponiert und ziemlich aufgelöst. Dann müssen wir beide lachen, als wir den Koffer öffnen und die Wäsche, die Kleidung und die Akten inspizieren: Gut ein Drittel ist hin. Besonders die Hemden haben eine echt indische Note erhalten.

Orthopädische Unterbrechung

Wir, mein Kollege Hohbach und ich, saßen im Carlton-Hotel, einem älteren Kasten im englischen Kolonialstil und erstes Haus am Platze. Der Ort hieß Lucknow, eine indische Provinzhauptstadt. Wir warteten auf die Herren Suri und Sethi, um mit ihnen über die Konstruktion von Lokomotiven zu reden. Es war bereits später Nachmittag, der Fünf-Uhr-Tee stand vor uns mit dem unverzichtbaren *english cake*. Unsere Unterhaltung, wiewohl in kultivierter Lautstärke geführt, war anscheinend am Nebentisch aufgefallen, denn ein junger Mann erhob sich, trat an unseren Tisch, entschuldigte sich artig und fragte, ob wir aus Deutschland kämen. Er meinte das gehört zu haben, da er ein paar Brocken Deutsch verstehe.

Er kam mit einer Bitte. Sein Vater, Orthopäde an der örtlichen Universität, habe in Deutschland studiert und suche jede Gelegenheit, seine Sprachkenntnisse aufzufrischen. Es wäre daher sehr nett, wenn der Vater uns am Abend besuchen dürfe. Und nicht ohne Stolz fügte er hinzu, daß er bei Professor Sauerbruch in Berlin Vorlesungen gehört hätte.

Wir hatten gegen einen Besuch nichts einzuwenden, im Gegenteil. Der junge Mann telefonierte und erklärte daraufhin, daß sein Vater komme.

Der Abend verläuft angenehm, die Unterhaltung ist angeregt. Zum Abschied fragt uns der Arzt, ob wir nicht Interesse hätten, die Universität von Lucknow kennenzulernen. Er würde sie uns gern zeigen. Da wir für den kommenden Tag bereits einen Termin mit unseren indischen Lokomotivpartnern vereinbart haben, bedauern wir, die Einladung ablehnen zu müssen.

»Ach, machen sie sich deswegen keine Gedanken«, erklärt unser Besucher, »ich rufe dort an und sage Bescheid, daß sie zunächst mich besuchen. Die Eisenbahn läuft nicht davon, und auf ein paar Stunden kommt es gewiß nicht an.«

Schlag 6.30 Uhr steht am nächsten Morgen das Auto vor dem Hotel.

Am Uni-Eingang erwartet uns eine Abordnung. Gänge, Treppen hinauf, Treppen hinab, wieder Gänge; endlich ein Raum mit Schwestern im weißen Sari. Sie bedeuten uns, die Schuhe auszuziehen, bekleiden uns mit weißen Turnschuhen, weißen Kitteln und Mundschutz sowie Hauben. Im Nu sehen wir wie Ärzte aus, und ich frage lachend, ob sie uns nicht mit anderen Gästen verwechseln. Nein, nein, das sei richtig so und notwendig.

Ohne Verzug werden wir durch eine Tür geleitet, und unversehens gelangen wir in einen Operationshörsaal. Die Studenten empfangen uns mit akademischem Fußtrampeln. Unser Bekannter vom Vorabend, ebenfalls in strahlendes Weiß gehüllt, begrüßt uns und erklärt den Hörern, daß wir aus Deutschland kämen und der Operation zusehen wollten. Wieder Beifall mit den Füßen, dann werden wir neben dem Operationstisch plaziert. Auf dem Tisch liegt ein Patient. Er hat eine große Wucherung am rechten Oberarmknochen. Der Orthopäde erläutert, wie er zu operieren gedenkt: Öffnen des Oberarmes, Knochenwucherung heraussägen, Schienbein öffnen, Knochenspan entnehmen, im Oberarm einsetzen, die Operationswunden verschließen.

Kaum ausgesprochen, entschwindet der Delinquent in die Narkose, der Armknochen wird präpariert, die Säge angesetzt und das verwucherte Stück herausgetrennt in einer Manier, die auch den Techniker vollauf befriedigt. Ein Student nimmt das Knochenstück in Empfang und drapiert es besichtigungsgerecht auf einer flachen Schale. Dann tritt er heran, um es uns bequemer vor Augen zu führen.

Das ist zuviel: Mein Herr Hohbach kippt schlicht und einfach weg. Gut, daß er im Stuhl sitzt. Ich halte noch aus, obwohl der Geruch wegen des nicht klimatisierten Saales unangenehm ist. Zwar ist der Raum mit Marmor ausgekleidet und die Operation hat früh am Tag begonnen, aber Indiens Sonne heizt erbarmungslos.

Inzwischen hat der Knochenspan aus dem Schienbein im Oberarm einen neuen Platz erhalten, die Wunden sind versorgt, großer Applaus.

Wir ziehen uns aus, sitzen dann bei einer Tasse Tee im Zimmer des Professors.

»Ja«, sagt der, »ich wollte ihnen zeigen, wie in Indien und bei mir gearbeitet wird«.

Anhand von Röntgenaufnahmen demonstriert er uns verschiedene Operationstechniken, in der Tat nicht uninteressant. Dann aber glaubt er, noch etwas besonders Attraktives hinzufügen zu müssen und führt uns zur Sammlung der Abnormitäten. Hier werden in Spiritus Mißbildungen aller Art verwahrt. Schrecklich, ein Alptraum, kaum zu ertragen. Es kommt aber noch schlimmer. Im Anatomiesaal ist wohl Pause, denn niemand hält sich dort auf außer den Leichen auf den Seziertischen in den unterschiedlichsten Zuständen. Mein Kollege meint zunächst, daß es sich um Wachsmodelle für die studentische Ausbildung handelt. Als ich ihn aufkläre, kippt er endgültig um und muß an die frische Luft getragen werden. Wankend erreiche ich mit ihm und der Kavalkade der Begleiter das Auto, das uns ins Hotel zurückbringt. An Verhandlungen war an diesem Tag nicht mehr zu denken.

Am Abend bedanke ich mich bei unserem Medizinmann für die ausgezeichnete Demonstration. Er versichert, daß man uns bei der Eisenbahn für den nächsten Tag erwarte und dort volles Verständnis für die Unterbrechung der Gespräche gezeigt habe. Indes, wenn wir wieder einmal nach Lucknow kämen…

Entladung per Telefon

Zu Beginn des Jahres 1962 lieferte MaK eine dieselhydraulische 3000-PS-Lokomotive TG 300 an die Sowjetischen Eisenbahnen aus. Zuvor hatten mit diesem Triebfahrzeug umfangreiche Versuchsfahrten stattgefunden, die deshalb erwähnenswert sind, da die gefahrene Geschwindigkeit von 160 km/h für damalige Verhältnisse ungewöhnlich war. Die Bundesbahn hatte es für notwendig erachtet, längs der Meßstrecke Hamburg–Harburg–Bremen aufwendige Sicherungsauflagen zu erteilen; jeder niveaugleiche Bahnübergang war zusätzlich mit einem Bahnpolizisten besetzt worden.

Zum Verladetermin herrschte in Hamburg Hochwasser. Mit einem mächtigen Schwimmkran wurde die mit sechs Treibradsätzen versehene TG 300 quer durch das Hafenbecken getragen und auf das Deck eines relativ kleinen sowjetischen Frachters abgesetzt. Damit hatte das

Schiff die absolute Grenze seiner Ladekapazität erreicht, fuhr durch den Nord-Ostsee-Kanal, geriet auf der Ostsee in einen Sturm und erreichte dennoch glücklich, wenn auch verspätet, seinen Bestimmungshafen Leningrad, das heute wieder St. Petersburg heißt.

Der gebeutelte Frachter kann noch nicht lange am Kai gelegen haben, als bei MaK in Kiel das Telefon klingelte: ein Anruf aus Moskau. Man unterrichtete uns, daß es in Leningrad Schwierigkeiten mit unserer Lokomotive gäbe und man in zwei Stunden eine Konferenzschaltung Leningrad-Moskau-Warschau-Berlin-Kiel knüpfen werde. In Leningrad und Moskau würden technische Dolmetscher eingeschaltet sein.

Die Schaltung kam pünktlich zustande. Es stellte sich heraus, daß in Leningrad guter Rat teuer war. Das Schiff mußte dringlich entladen werden, denn es führte verderbliche Lebensmittel an Bord. Der Zugang indes war durch die Deckslast versperrt – unsere Lokomotive stand über den Ladeluken. Sie zu löschen erwies sich als unmöglich, denn das Schiff hatte während des Sturmes bei der Überfahrt das Ladegeschirr verloren. Der Hafen sei zwar mit leistungsstarken Kränen großer Hubhöhe ausgerüstet, konnte allerdings nur mit Seilen und angeschlagenen Schäkeln dienen.

Wir gaben Anweisung, wie und wo die Seile an der Lok zu befestigen und wie vor allem starke Spreizen einzusetzen seien, um die Seile weit genug und sicher auseinanderzuhalten, damit sie nicht den Lokomotivkasten zusammenquetschen. Nach umständlichem, fast einstündigem, lautstarkem Hin und Her hatten die Kapitäne von Schiff und Hafen verstanden, welches die kritischen Stellen beim Anheben der schweren Lokomotive sind. Wir wünschten ihnen Hals- und Beinbruch.

Am nächsten Tag kam erneut ein Anruf aus Moskau. Er war befreiend kurz: Wßjo jasno. Alles klar.

Mithörer

Henschel hatte 1956 den Entwicklungsauftrag für die V 320 erhalten, war aber nach kurzer Zeit gestoppt worden. Ich hatte deshalb vorgeschlagen, im Hinblick auf die Weltausstellung in Brüssel (1958) und angesichts der Tatsache, daß die English Electric eine dieselelektrische 3000-PS-Lokomotive entwickle, die V 320 ohne das Bundesbahnzentralamt in München auf eigenes Risiko zu konstruieren und zu bauen. Sie würde einem Henschel-Stand in Brüssel sehr gut zu Gesicht stehen. Allein, die Geschäftsleitung ließ nicht mit sich reden und lehnte solche Gedankengänge strikt ab. Man wolle die Deutsche Bundesbahn in Gestalt des Münchener BZA durch solchen Alleingang nicht brüskieren.

Ich verließ damals Henschel, um für fünf Jahre bei MaK in Kiel tätig zu werden. Bei meiner Rückkehr, 1962, nunmehr als Chefkonstrukteur, stellte ich fest, daß sich beim BZA offensichtlich die Haltung gegenüber der V 320 geändert hatte. Man ließ sie nun doch bauen, zwar im wesentlichen auf Henschel-Kosten, aber mit der Zusicherung, daß die DB sie anmieten werde.

Meine neue Funktion übernahm ich gerade in der Endfertigungsphase der Lokomotive. Wegen nicht termingerechter Anlieferung von Zurüstteilen verzögerte sich allerdings die Fertigstellung. Und wie es in solchen Fällen immer ist, pressierte es dem Auftraggeber plötzlich ungemein. Und da so etwas dann aus Prestigegründen nur noch auf höchster Ebene zu klären ist, wollte der Präsident des Bundesbahnzentralamtes in München den Eigner von Henschel, und nur diesen!, sprechen. Der war davon keineswegs erbaut, zumal er nicht mit den Einzelheiten vertraut war. So forderte er mich auf, bei dem Telefongespräch für Rückfragen zugegen zu sein.

Nun gut, das Telefonat wurde angemeldet, ich stand zur Stelle, die Sekretärinnen verbanden, und aus den Gesprächsfetzen war schon nach wenigen Minuten unschwer zu erkennen, daß die beiden Partner keine Übereinstimmung fanden. Als ich aufgefordert wurde, mitzuhören, vernahm ich gerade den Vorwurf des BZA-Präsidenten aus München, daß die Verzögerungen nur auf die Bummelei in Kassel zurückzuführen seien. Und, nach einer kleinen Verzögerung, folgte der Hammerschlag: Er habe zudem und überhaupt den Eindruck, es mit dem Inhaber einer Nebenbahnlokomotivfabrik zu tun zu haben!

Mir verschlug es die Sprache. Ich sah, wie der Henschel-Eigner rot anlief, dann reaktionsschnell konterte: »Und ich habe den Eindruck, mit dem Präsidenten einer Bimmelbahn zu sprechen!«, den Hörer aufknallte, ein »Rindvieh!« hinterherschickte und das Zimmer verließ.

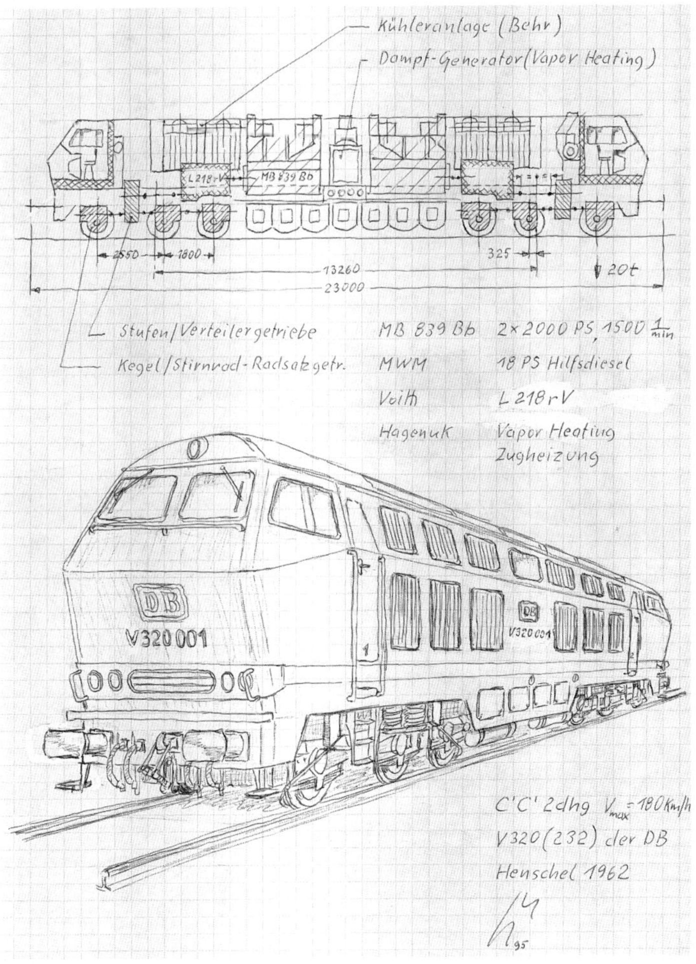

Der Telefonapparat war kaputt, soviel konnte ich im Hinausgehen noch sehen.

Später erfuhr ich von einem Augenzeugen aus München, daß es am anderen Ende der Leitung die gleiche Reaktion gegeben habe. Auch dort war das Telefon durch das heftige Aufschmettern des Hörers auf die Gabel beschädigt worden. Allerdings habe der Präsident seine Spannung nicht durch ein Schimpfwort abgebaut, sondern eine Viertelstunde wortlosen, schnaufenden Auf- und Abgehens benötigt, um wieder zu sich zu kommen.

Ungenügende Reibung

Gerade war ich bei Henschel als Chefkonstrukteur eingetreten, als ein Auftrag der Staatsbahn von Thailand (SRT) ins Haus kam. Allerdings waren die Angaben über Zugkräfte, besonders in Neigungen mit Krümmungen, bestenfalls unklar: Leistung und Gewicht sowie Zugkraft und Geschwindigkeit waren nicht in Einklang zu bringen. *Achtung, Kunde droht mit Auftrag!* ist der Spruch, der in solchen Fällen durch die Konstruktionsabteilungen geistert, wenn schon zu Beginn manches nicht sauber ist und sich keine Lösung abzeichnet.

Unser Vertreter in Bangkok war Herr Koch. Er holte Herrn Jäger von der Exportverkaufsabteilung und mich vom Flughafen ab. Herr Koch war mit einer Thailänderin verheiratet und bestens mit den Besonderheiten der örtlichen Mentalität vertraut. Sein Rat lautete: Am ersten Tag nur Begrüßung, nette Allgemeinheiten, häufig ausgiebig lachen. Vor allem: Kein Problem vortragen.

Herr Ayudhia, der Chefingenieur, ein freundlicher, älterer Herr, schien mir durchaus Fachmann und Realist zu sein. Wir kamen beim *small talk* jedenfalls bestens klar, und auch die Gespräche an den folgenden Tagen mit weiteren Ingenieuren der Staatsbahn von Thailand waren ergiebig. Ich sprach mit ihnen die Zeichnungen der zu bauenden Lok durch. Nach einigen Tagen flogen wir zurück nach Deutschland.

Die Abnahme der fertigen Lokomotive erfolgte durch thailändische Bahninspektoren, die Lastprobefahrt fand mit Regelspurdrehgestellen auf DB-Gleisen statt. Eine kleine Feier schloß sich an, das Triebfahrzeug wurde verschifft, kam unbeschädigt in Bangkok an, absolvierte die Probefahrten auf thailändischen Strecken und gab zu keinen Beanstandungen Anlaß. Finanziert waren Konstruktion und Bau der Lokomotive über einen Kredit der Weltbank in Washington. Die bald eintreffende Aufforderung, an der Abnahmefahrt durch die Herren Finanziers teilzunehmen, löste bei mir kein Wohlbehagen aus. Irgend etwas schien nicht zu stimmen.

Bald nach meiner Ankunft bittet mich Herr Ayudhia in sein großes, air-condition-kühles, in Teak gehaltenes Büro. Wir sind allein. Er fragt mich, ob ich ganz sicher sei, daß die Lok den Anforderungen genüge, insbesondere auf der bogenreichen Neigungsstrecke nach Chiengmai. Ich antworte nicht sofort. Schließlich gebe ich zu bedenken, daß es ein Grenzfall sei: kann gut gehen, aber auch nicht... Pause. Herr Ayudhia darauf: Er sehe das genau so. Er habe aber keine Lust, sich vor den Bankiers zu blamieren, ich doch sicher auch nicht.

»Also, das Zuggewicht ist kritisch? Sind wir uns einig? Gut, ich werde dafür sorgen, daß das protokollierte Wagengewicht der Ausschreibung entspricht. Die Wagen sind ein wenig *angepaßt*, aber das wissen nur sie und ich. Keine Silbe darüber zu einem anderen.«

Ich verspreche es. Dann, lachend:

»Sie haben doch sicher nichts dagegen, wenn ein buddhistischer Priester Lok und Ingenieure vor der Abnahmefahrt segnet?«

Es ist mir recht in der stillen Hoffnung, daß der Reibungskoeffizient in günstiger Weise beeinflußt werden möge.

Inzwischen ist auch ein Ingenieur vom Dieselmotorenhersteller eingetroffen. Wir verstehen uns sofort und mir wird immer klarer, daß da am Motor auch ein Problem besteht.

»Also, für die Abnahmefahrt und für alle Meßfahrten werde ich die Leistung an der oberen Toleranzgrenze einstellen – für ein, zwei Tage geht das, keinesfalls für dauernd. Unser Monteur wird das besorgen. Nur keine Aufregung – es bleibt unter uns.«

Die Abnahmefahrt ist für Freitag bergauf und für Sonntag bergab festgesetzt. Die Nacht zuvor schlafe ich sehr schlecht. Die Bankleute sehen sich alles genau an: Protokolle der Lok, Gewichtsaufstellung des

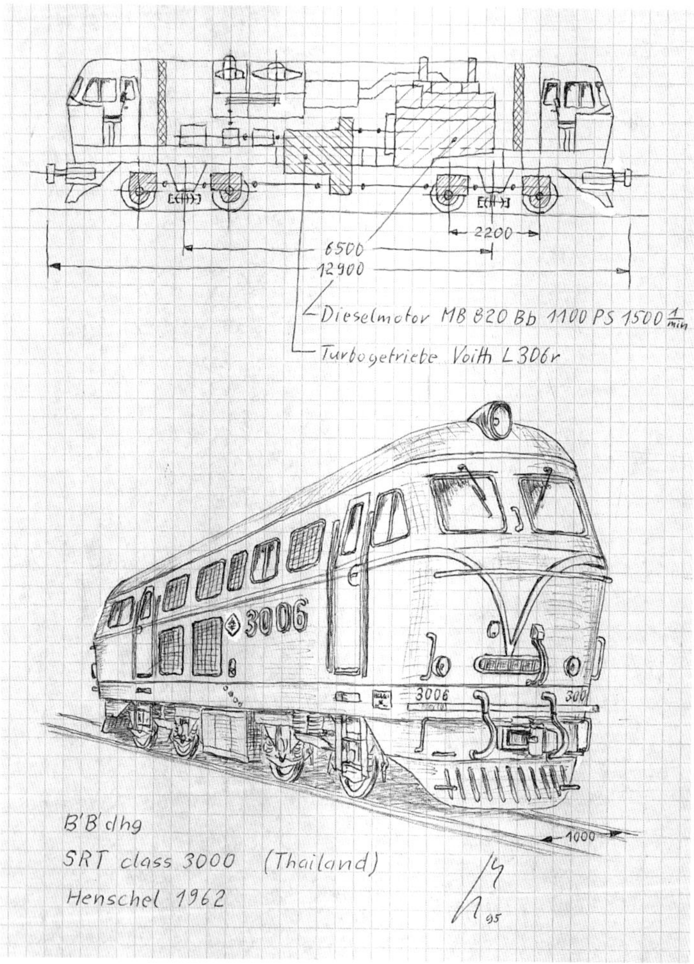

Zuges, Streckenprofil...gut, in Ordnung. Der Auftakt ist also positiv, auch das Abendessen im Speisewagen läßt keine Wünsche offen – noch ist die Strecke eben.

Um 23 Uhr hält der Zug, der Beginn der Rampe ist erreicht. Ich gehe auf die Lok. Herr Ayudhia läßt mir einen ausgezeichneten Kakao servieren, den besten, den ich je getrunken habe. Er und der Motoren-Ingenieur sehen mich, jeder auf seine Weise, erwartungsvoll ein letztes

Mal an, dann gehen sie zurück in den Speisewagen. Das Horn ertönt: Buhh...Buuhhh...

An die kritische Stelle kommen wir gegen 5 Uhr früh. Tau auf den Schienen – auch das noch. Die Lok schafft es. Dann der Befehl zum Halten: Es muß in der Steigung angefahren werden, die zusätzlich in einer Krümmung liegt. Die Sonne kommt gerade heraus. Leistung nach Zugkraftdiagramm aufgeschaltet – langsam und zitternd setzt sich der Zug wieder in Bewegung. Gespannt habe ich die Instrumente im Auge. Die Anlage – obwohl kritisch am Temperaturrotstrich – stabilisiert sich.

Nach einiger Zeit das gleiche Manöver noch einmal: Halten, anfahren, weiter.

Am nächsten Kreuzungsbahnhof kommt für mich ein tolles Essen auf die Lok: in Gewürzen gebackene Hühnerbrust mit Reis im Bananenblatt, dazu gekühlte Kokosmilch. Langsam läßt die Spannung nach.

Als ich beim abermaligen Halt in den Speisewagen wechsele, begrüßt mich großes Hallo. Es ist Hochbetrieb, die gelungene Abnahmefahrt wird gefeiert. Die Banker beglückwünschen mich: Sie hätten es nicht für möglich gehalten, daß so eine leichte dieselhydraulische Lokomotive nicht nur den Zug über die Rampe bringt, sondern ihn in einer gekrümmten Steigung auch anfahren kann, und das mehrmals nacheinander.

Als die Bankiers nach einigen Tagen abgereist sind, wiederholen wir Techniker unter uns die Probefahrt buchstabengetreu nach der technischen Spezifikation. Es stellt sich heraus, daß die Lok bis zur Grenzlast ausgenutzt wird und es gerade noch schafft. Für den planmäßigen Betriebseinsatz können die Verhältnisse allerdings nicht zugrunde gelegt werden.

Die Lokomotive lief dann auch zur vollen Zufriedenheit. Als jedoch später eine Nachbestellung mit höherer Leistung gewünscht wurde, lehnten wir strikt ab. Die Konkurrenz bewarb sich gierig um den Auftrag, führte ihn aus und – fiel so sehr damit herein, daß es noch ein juristisches Nachspiel gab.

Die erschöpfte C-gekuppelte

Eines Tages rief ein Flaschenhersteller im Henschel-Reparaturbüro an. Man habe eine C-gekuppelte Naßdampftenderlokomotive fast fabrikneu gekauft, hieß es, sei aber mit der Leistung überhaupt nicht zufrieden. Zwar wäre die Lok nicht direkt vom Werk, sondern über einen Händler bezogen worden, da aber Henschel sie nun einmal gebaut hätte...Kurzum: Sie bäten um die Entsendung eines Fachmannes. Die Maschine müsse mit den Güterwagen vom Anschlußbahnhof eine kleine, in einer Krümmung gelegene Steigung ins Werk hinauf, und obwohl jedesmal tüchtig Dampf gemacht werde, schaffe sie es gerade so. Doch danach sei der Kessel völlig erschöpft, da viel Wasser mitgerissen werde. Sie, die Werkbahner, könnten sich das gar nicht erklären; selbst die Direktion sei ratlos.

Wir fuhren hin.

Im Anschlußbahnhof wurden vier Wagen an die Lokomotive gekuppelt. Nachdem der Heizer ordentlich für Dampf gesorgt hatte, nahm der Lokführer kräftig Anlauf, um auf Geschwindigkeit zu kommen. Nach kurzer Fahrstrecke begann die Steigung. Auch hier ging es zunächst flott weiter, dann stetig langsamer, die Lok schnaufte stark, riß Wasser und spie es, mit Ruß und Asche vermischt, aus den Schornstein. Im Werk war die Maschine am Ende ihrer Kraft und zeigte Dampfmangel.

Der Fall schien klar. Um dem Lokführer bessere Sicht zu schaffen, ließ man die Lokomotive bergan mit dem Führerhaus voraus laufen, und damit die Feuerbüchsdecke in der Neigung immer wasserbedeckt blieb, wurde mit hohem Wasserstand gefahren. Dadurch verkleinerte sich der Dampfraum, das Wasser schloß den Dampfdom im Kessel fast ab, und bei der Dampfentnahme aus dem Dom wurde das Wasser in großen Mengen mitgerissen.

Ein Wenden der Lokomotive und die anschließende Versuchsfahrt mit dem Schornstein voran bestätigten unsere Vermutung und brachten eine wesentliche Verbesserung. Da aber diese Lokomotivbauart nicht für derartige Neigungen ausgelegt war, konnte das Ergebnis nicht auf Dauer befriedigen. Dazu war ein Umbau nötig. Also: *Ab nach Kassel.*

Nach dem Einbau eines oben geschlitzten Dampfsammelrohres gab die C-gekuppelte von Stund an keinen Anlaß mehr zu irgendwelchen Beanstandungen.

Der Bürokrat

Ein Stahlwerk in Saarbrücken hat uns – den Vertrieb und die Technik – zu einem Gespräch eingeladen, und da unser Vertriebsmann gern mit seinem Auto fährt, benutzen wir es. Leider geraten wir in einen Stau, und so verspäten wir uns; wir erscheinen genau eine Viertelstunde nach der verabredeten Zeit zu der Besprechung.

Unser Gesprächspartner wartet bereits und sieht uns beim Hereinkommen mißbilligend an. Wir erklären den Grund der Verzögerung, der aber – zu unserer Verblüffung – nicht akzeptiert wird.

»So, so, das hätten sie eben mit einkalkulieren müssen. Ich habe wegen der inneren Spannung, die durch das Warten entstanden ist, nichts, aber auch gar nichts arbeiten können. Sie gestatten also, daß ich die versäumte Viertelstunde nacharbeite, denn jetzt hat sich meine Spannung gelöst. Sie aber bitte ich, zu warten.«

Damit wendet er sich ab und seinem Kollegen gegenüber zu:

»Wo ist der Vorgang Mayer, den sie holen sollten?«

»Der liegt vor ihnen. Sie brauchen nur die Mappe aufzuschlagen.«

Er tut es und hebt im selben Atemzug an:

»Das ist doch kein Vorgang, das ist lediglich eine beschriebene Seite! Da fehlt zunächst ein abgehefteter Bogen, auf dem zu stehen hat: Erstens Datum. Dann: meine Anweisung, die Akte herauszuholen. Dann: Ihr Vermerk zu dem Vorgang. Also: Mayer – 1. Seite – Sache: Ersatzteil Gabelstapler. Wenn jeder so unpräzise arbeitet wie sie, dann komme ich ja mit den einfachsten Sachen nicht weiter!«

Wenige Augenblicke später, nachdem er mit angestrengter Miene auf das Blatt Papier geblickt hat, sieht er auf, legt es seufzend und sorgfältig in eine Mappe, schiebt sie exakt an den linken, oberen Schreibtischrand, wendet sich uns zu und erklärt:

»Nun ist die Viertelstunde durch diesen erneuten Leerlauf doch tatsächlich herum.«

Damit beginnt unsere Beratung über die Vor- und Nachteile der Scheibenbremse zur Klotzbremse, des Gelenkwellenantriebs zum Stangenantrieb. Die Erklärungen ziehen sich bis über den Feierabend hin, als unser Partner plötzlich Hunger verspürt. Er schlägt vor, in die Stadt zu fahren, um in einem guten Restaurant ein Abendessen einzunehmen; die Gespräche könnten ja dabei fortgesetzt werden. Es wäre quasi ein Arbeitsessen, fügt er erläuternd hinzu.

Die Gaststätte, die unser Gastgeber ausgesucht hat, ist geschlossen. Er ist offensichtlich verdutzt. Auf einem dezenten Schild steht der erklärende Hinweis: Montags Ruhetag. Der Bürokrat schüttelt den Kopf.

»Das tut mir aber leid, meine Herren. Leider kann ich sie in kein anderes Restaurant führen. Hier kenne ich die Küche, sie ist sauber und gut. Woanders bin ich mir nicht so sicher. Ich habe da meine Prinzipien. Also: Auf Wiedersehen.«

Damit lüpft er seinen Hut, wendet sich ab und schreitet eilig von dannen.

Als er fort war, gingen wir in das nächstbeste Lokal, um uns bei einem Bier und einem deftigen Abendessen von unserem anstrengenden Gesprächspartner zu erholen.

Wiederauferstehung

Wir erhielten einen Reparaturauftrag für eine 1000-PS-Drehgestell-Diesellokomotive, deren Brückenrahmen vorn und deren vorderer Maschinenraumvorbau völlig demoliert waren. Der Rhein-Elbe-Eisenbahnbetrieb sagte uns, daß die Lok an einem Bahnübergang mit einem

Lkw zusammengestoßen sei. Der Lkw wäre dabei mitsamt Anhänger von der Lokomotive regelrecht aufgegabelt und in die am Unfallort befindliche Fachwerkträgerbrücke hineingedrückt worden.

Das war folgendermaßen geschehen: Eine Speditionsfirma hatte eben jenen beladenen Lkw mit Hänger und zwei Mann ins Ruhrgebiet geschickt. Mannschaft und Gespann waren abends in ein Fernfahrerhotel eingekehrt. Als sie aßen, kam ein Bekannter und bat sie, ihm aus der Verlegenheit zu helfen. Er habe mächtigen Streit mit seiner Freundin gehabt, die wohne in der Nähe, und er wolle sich versöhnen. Ob sie ihm denn nicht mal den Laster borgen könnten.

Sie taten es ungern und mit Bedenken, aber gegen das Versprechen, unbedingt in der Nacht zurück zu sein, siegten Mitleid und Kollegialität.

Die beiden Speditionsfahrer schliefen gut, frühstückten beizeiten und fanden ihren Laster – nicht. Da sie weder wußten, wo ihr Bekannter hingefahren war noch sonst eine Nachricht erhielten, riefen sie schließlich gegen Mittag – arg beklommen – ihre Firma an.

»Wer ist am Apparat?«, tönte es zurück, »das ist ein makabrer Scherz, Pfui Teufel!«, und es wurde aufgelegt.

Große Verblüffung bei den beiden, nochmaliger Anruf.

»Wie denn, die Polizei hat uns benachrichtigt, daß ihr einen tödlichen Unfall hattet. Wieso lebt ihr? Wir haben gerade eure Familien informiert. Was ist denn los?«

Kleinlaut berichteten sie nun, daß sie den Lastzug für eine Spritztour verborgt hatten und er nicht wiedergebracht worden sei.

Damit kam alles heraus. Der Bekannte war in der Tat zu seiner Freundin gefahren, hatte sich ausgesöhnt. Das hatte bis in die Morgenstunden gedauert, dann war er eilig abgefahren. Am Bahnübergang hatte er den nahenden Zug nicht bemerkt. Die Feuerwehr konnte nur noch zerfetzte Körperteile bergen. Der Besitzer des Lastzuges war rasch ermittelt.

Wie die Schadensregulierung ausgegangen ist und was die Spedition mit ihren borgefreudigen Mitarbeitern gemacht hat, entzieht sich meiner Kenntnis. Der Schaden an der Lokomotive wurde jedenfalls behoben und der Reparaturauftrag von der Rhein-Elbe bezahlt.

Die Schuhfabrik

Abteilungsleiter Weiß unterrichtete mich über einen eigenartigen, nicht erklärbaren Vorgang. Eine Schuhfabrik in Süddeutschland habe für Rangierzwecke eine C-gekuppelte Naßdampftenderlokomotive gekauft. Zunächst hätte sie auch brav ihre Arbeit verrichtet. Dann aber begann das Ungewöhnliche: Die Maschine zog von Tag zu Tag weniger. Erst ein Wagen, dann zwei mußten fortgelassen werden, bei drei Wagen und mehr wurde es kritisch. Und nun, so sage der Betriebsleiter am Telefon, ziehe sie gar nichts mehr. Die Maschine stehe bei vollem Feuer auf dem Betriebsgleis und gehe weder vor noch zurück. Auch die Direktion habe sich den Vorfall schon angesehen, ohne daß sich an dem Zustand etwas geändert habe. Sie bäten um Hilfe, denn die Rangiermaschine werde dringend gebraucht.

Herr Weiß und ich vereinbarten, daß er hinfahre, um das Phänomen aus der Nähe zu betrachten. Zwei Tage später war Herr Weiß zurück und berichtete.

In der Schuhfabrik fallen nicht unbedeutende Mengen Lederreste an, die anfangs als Sondermüll behandelt wurden. Dann kam jemand auf die Idee, diese Lederreste unter die Lokomotivkohle zu mischen und sie so nutzbringend zu entsorgen. Das ging zunächst einigermaßen gut, bis der Lederanteil am Brennstoff immer höher wurde. Als er in die Feuerbüchse geblickt habe, sei ihm die Sprache weggeblieben: Die Feuerbüchsrohrwand sei total mit Asche und unverbranntem Leder verstopft gewesen, und genauso habe es in der Rauchkammer ausgesehen. Schon beim Öffnen der Tür wäre ein großer Haufen Lösche mit unverbrannten Lederresten herausgefallen. Bis an die Schornsteinmündung war alles verstopft.

Soweit der Bericht des Herrn Weiß. Da dies fast unglaubwürdig ist, habe er die verstopfte Rauchkammer fotografiert, und außerdem seien die Betreiber genau so erstaunt gewesen; selbst der Betriebsleiter und der Lokführer hätten sich verlegen am Ohr gekratzt.

Die Lokomotive wurde kalt gemacht, gründlich gereinigt, die Rohre ausgeblasen, die Dampfmaschine durchgesehen und geölt und ein Kohlefeuer angezündet. Als der Betriebsdruck erreicht war, lief die Maschine wieder wie neu.

Leder soll nicht mehr zum Strecken der Kohle benutzt worden sein.

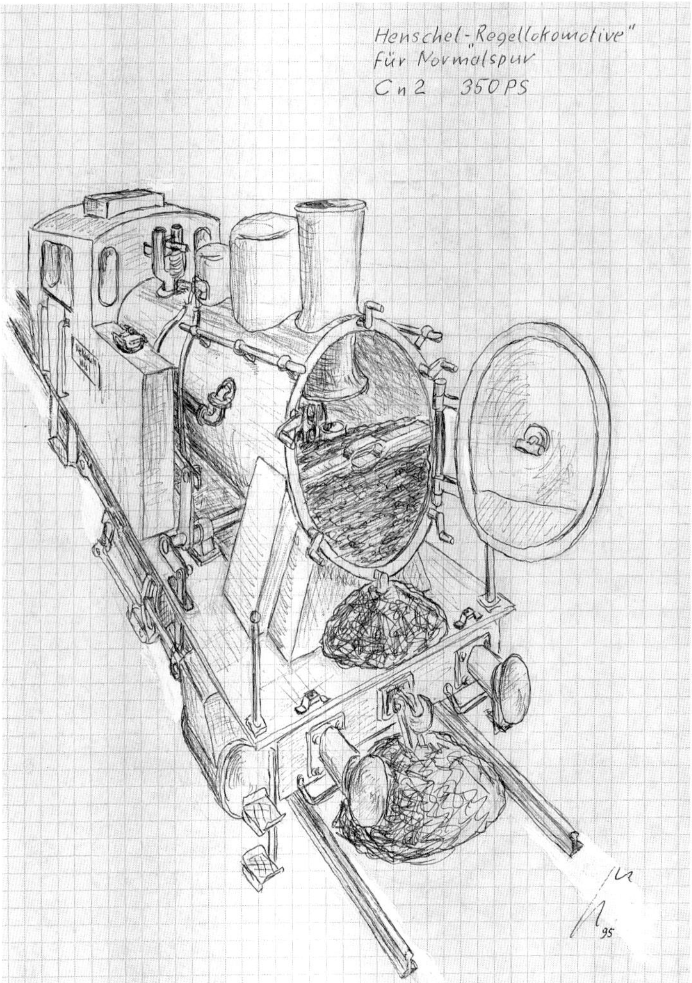

A-Lokomotiven

Überheblichkeit von Menschen in gehobenen Positionen ist gar nicht so selten, wie man bei dem Bildungsgrad dieser Leute eigentlich annehmen sollte. Es scheint sich um eine Zwangsvorstellung zu handeln, nicht nur auf ihrem Spezialgebiet, sondern schlechthin und überall glänzen zu müssen.

Das Automobilwerk von Opel in Rüsselsheim benötigte eine neue Lokomotive. Der erst frisch berufene Einkaufschef hatte zu einer Vergabebesprechung eingeladen. Allerdings ließ er uns kaum zu Wort kommen, um unser Angebot zu unterbreiten. »Nein, meine Herren, das kommt überhaupt nicht in Frage, bieten sie, bitte, nur brandneues Material an. Opel baut Qualität, also verlangen wir ebenfalls Qualität, will heißen: keine B-Lok, sondern selbstverständlich nur eine A-Lokomotive!«

Nach einer Überraschungs- und Verschnaufpause suchten wir sorgsam nach Worten, um dem forschen Einkäufer behutsam klar zu machen, daß es sich hier nicht um eine Eierklassifizierung handle, sondern um eine lokomotivtechnische Kennzeichnung nach DIN, die mit dem Buchstaben die Anzahl der angetriebenen Radsätze festlege. Eine A-Lok würden wir ihm also weder liefern wollen noch können. Wenn er denn schon die Eiergröße ins Spiel bringe, würden wir ihm selbstredend nur *S* anbieten.

Ausländische Elemente

Henschel hatte den Zuschlag für die Entwicklung und die Konstruktion sowie den Bau von vier elektrischen Schnellfahr-Lokomotiven der Baureihe E 03 erhalten. Von der Deutschen Bundesbahn war für den mechanischen Teil eine ziemlich aufwendige und konservative

Bauart vorgeschlagen worden, eine Laufwerksanordnung nach der Radsatzfolge (1'Co)(Co1'). Wir hatten eine andere Auffassung und erarbeiteten vorteilhaftere Lösungen mit nur sechs Treibradsätzen. Damit waren erhebliche Gewichtsvorteile bei gleicher Reiblast zu erzielen. Auch hatten wir keinen (körperlichen) Drehzapfen vorgesehen, sondern eine (doppelte) Zugstangenanlenkung in schräger Anordnung, um möglichst geringe Radsatzlaständerungen durch die Zug- oder Bremskräfte zu haben. Die Radsatzanlenkung sollte durch eine

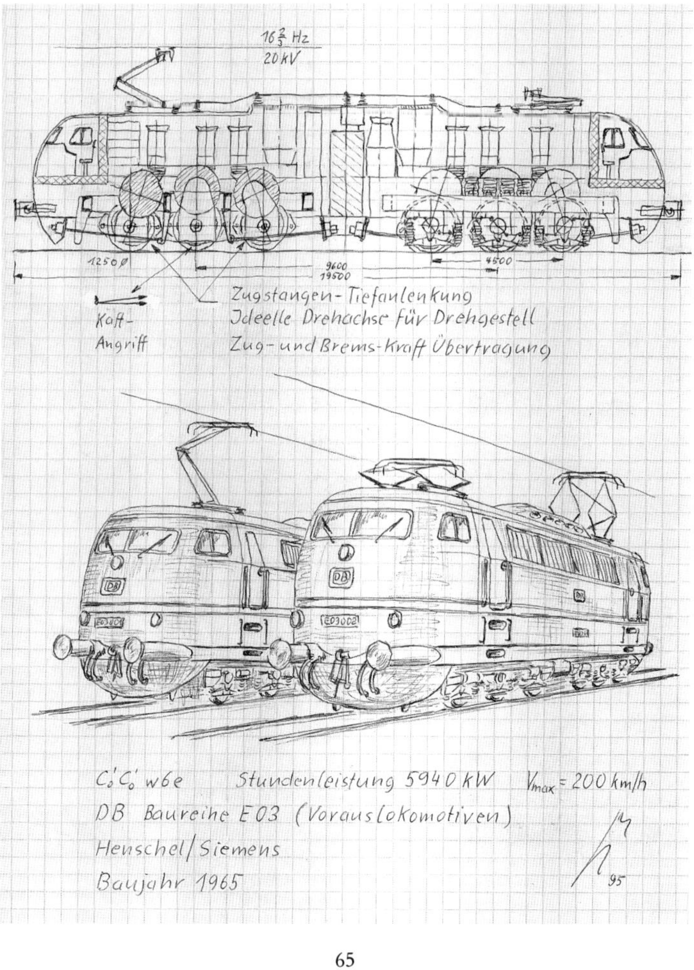

außermittige Lemniskatenlenkerführung erfolgen, und für die Sekundärfederung waren Flexifloatfedern vorgesehen.

Unsere Vorstellungen lösten gegensätzliche Reaktionen aus. Während viele Fachleute auf unsere Seite traten, standen die Konservativen des Bundesbahnzentralamtes München (BZA) gewissermaßen Kopf. Das war alles neuartig für die DB, und sie verweigerten das Einverständnis. Statt dessen traf ein gewichtiger Brief von der Hauptverwaltung der Bundesbahn aus Frankfurt ein. Tenor des Schreibens: Bei dem Entwurf zur E 03 würden zu viele ausländische Konstruktionslelemente benutzt. Der Chefkonstrukteur werde eingeladen, dies zu erklären und zu begründen. Unterschrieben war der verblüffende Vorwurf von dem Ministerialdirektor, der als Leiter des Betriebsmaschinendienstes für sehr aufgeschlossen galt. Wir hatten bisher gut zusammengearbeitet. Unabhängig von meinem tatsächlichen Alter pflegte er mich bei Besprechungen stets als *Mein lieber, junger Freund* anzureden.

Nun, der Tag der Aussprache kam. Ich wurde aufgefordert, die Konstruktion der E 03 zu *verteidigen.* Bevor ich dies tat, bat ich um die Möglichkeit, eine grundsätzliche Frage zu diesem Thema stellen zu dürfen. Sie wurde mir eingeräumt. Meine Frage lautete, weshalb denn die DB die Spurweite von 1435 Millimetern benutze und nicht eine runde metrische Spur von 1500 Millimetern? Immerhin seien die 1435 Millimeter ein englisches Maß von 4 Fuß 8 1/2 Zoll, und damit wäre ja wohl das ganze DB-System ausländisch.

Nach anfänglicher großer Verblüffung waren die Lacher eindeutig auf meiner Seite. Der Brief wurde als für *nicht geschrieben* und der Vorfall für *bedauerlich* erklärt. Natürlich erläuterte ich trotzdem die erarbeiteten Lösungen, zumal ich das Gegenteil der im Brief erhobenen Behauptungen beweisen konnte. Kurze Zeit später erklärte das BZA sein Einverständnis zu den Henschel-Lösungen.

Meßwerte

Die ersten beiden E 03 (heutige 103) für die Deutsche Bundesbahn waren fertig und wurden auf der Strecke Forchheim–Bamberg gemessen. Eines Tages sollten sie dem Präsidenten des Bundesbahnzentralamtes München vorgestellt werden. Die Planabfahrt in Forchheim war auf 10 Uhr festgelegt mit einer Toleranz plus zehn Minuten, weil für die Schnellfahrt mit 200 km/h der Gegenverkehr angehalten werden mußte. Die Lok sollte solo fahren.

Natürlich sind alle pünktlich erschienen. Lediglich der Herr Präsident fehlt; es ist seine Unart, immer zehn Minuten später einzutreffen. Die Zeit vergeht rasch. 10.09 Uhr kommt endlich das Auto. Der Dezernent 21 vom Bundesbahnzentralamt meldet, daß er Meßleiter und Zugführer in einer Person und für die Fahrt der Verantwortliche ist. Der Präsident, bissig wie immer:

»Na, drei Funktionen, hoffentlich übernehmen sie sich nicht. Versehen sie ihren Dienst!«

Der Dezernent öffnet das Seitenfenster, schaut hinaus, ruft:

»Türen schließen, Lokführer, geben sie Signal.«

Pfüüht – – die Druckluftpfeife.

»Abfahren!«.

Kaum hat der Dezernent das Fenster geschlossen, als der Präsident befiehlt:

»Bitte fortlaufend die Meßdaten, Beschleunigung, zurückgelegte Strecke usw.«

Der Dezernent ist verunsichert. Er versucht zu erklären, daß diese Werte heute gerade nicht gemessen werden. Doch darauf sein Präsident:

»Also los, Werte, Werte…«

Der Geplagte sieht mich verzweifelt an. Ich flüstere ihm zu:

»Bleiben sie ruhig, sagen sie irgendwelche Zahlen, die sind jetzt ohnehin nicht zu überprüfen.«

Schweißtriefend beginnt er:

»Beschleunigung gut, 1,12 m/s², zurückgelegter Weg 3420 m, Geschwindigkeit..« Unwirsch wird er unterbrochen:

»Das sehe ich, sparen sie sich Selbstverständlichkeiten, konzentrieren sie sich auf meine Fragen.«

»Ja – 0,85 m/s², 5200 m«, so geht es bis Bamberg.

Der Präsident macht ein zufriedenes Gesicht. Sein Dezernent, der Auflösung nahe, schöpft Hoffnung und schlägt vor:

»Herr Präsident, dort drüben steht die andere 03 für die Rückfahrt. Der Unterschied ist gleichzeitig der, daß sie einen anderen Antrieb hat. So könnten sie Vergleiche ziehen.«

Sofort reagiert der Angesprochene wieder bissig:

»*Eine* Fahrt genügt mir. Für Vergleiche will ich detaillierte Meßwerte sehen. Sie scheinen außerdem eine komische Auffassung von meiner Zeit zu haben. Für Spazierfahrten steht sie bestimmt nicht zur Verfügung.«

Spricht's, geht zum Bahnhofsvorplatz und fährt im Auto davon.

Das Greenhorn

Zu Besprechungen über Lokomotivbeschaffungen war ich in Brasilien bei der Cia Vale do Rio Doce Vitoria a Minas zu Gast. Um die Bahn – Meterspur mit 25 Tonnen Radsatzlast für schwere Erzzüge – näher kennenzulernen, wurde festgelegt, daß ich einen Zug von Vitoria nach der Erzgrube nehmen sollte. Er benötigte etwa einen dreiviertel Tag Fahrzeit; die Abfahrt war am späten Nachmittag. Ein besonderer Wagen, für Besucher und Inspektoren hergerichtet, wurde an das Zugende angehängt. Er enthielt einen salonähnlichen Aufenthaltsraum, Küche, Dusche und Schlafkabinen, war also recht komfortabel.

Zur Begleitung und als Berater war mir aus unerfindlichen Gründen ein Herr aus der Konzernleitung beigeordnet worden, der mich mehr hinderte als unterstützte. Er hatte so gut wie keine Ahnung von der Eisenbahn, geschweige von der zur Rede stehenden Lokomotivbeschaffung; ein richtiges Greenhorn. Auch die Mitarbeiter der Bahn waren wenig vom Auftreten dieses *Beraters* angetan.

Der Zug war abgefahren. Im Salon gab es ein gutes Essen und manch alkoholische Raffinesse. Es wurde spät, und mein Berater zog sich zurück – in das Duschbad, denn der Wagen war nicht klimatisiert, und am Meer, wo Vitoria liegt, war es recht warm.

Nach einer Weile ertönte urplötzlich ein fürchterliches Schimpfen. Unser Freund kam aus der Duschkabine, ein Handtuch um die Hüften geschlungen und völlig von Seifenschaum bedeckt, einschließlich des Kopfes: »Es ist kein Wasser mehr da!« Zunächst lachten wir, aber dann wurde uns klar: Der Kerl hatte in seiner Unwissenheit, daß der Wasservorrat eines solchen Wagens nicht unerschöpflich ist, die Dusche rauschen lassen, was das Rohr hergab. Wir wurden wütend, denn für uns war an eine Erfrischung nicht mehr zu denken. Dann aber setzte sich die Schadenfreude durch: Unser Held wurde den Schaum nicht mehr los, und es begann ihn mächtig zu jucken.

Ich schlief also ungewaschen ein. Doch was machte das, um zwei Uhr nachts sollten wir den Gegenzug kreuzen und ich wollte bei der Gelegenheit ohnehin auf die Lok umsteigen, um die Leistungsanforderung aus dieser Sicht zu erfahren.

Versierte Assistenz

Wir flogen zu dritt von Rio de Janeiro nach Sao Paulo, um Vorträge über das neue Henschel-BBC-System mit der gerade entwickelten Drehstrom-Leistungsübertragung der DE 2500 zu halten. Es sollten Dias gezeigt und auch ein Film über Henschel-Lokomotiven vorgeführt werden. Wir hatten deshalb der Direktion in Sao Paulo mitgeteilt, welche Geräte wir für die Demonstration benötigen.

Die Zuhörer sammeln sich bereits, als es von den bestellten Gerätschaften immer noch keine Spur gibt.

»Ja, wie soll denn das nun gehen?«

»Also, bitte, keine Aufregung. Die Apparate sind schon unterwegs, es wird alles aufgestellt, wie es sich gehört.«

Zeit und Geduld haben die Zuhörer offensichtlich genügend. Da ist keine Unruhe zu spüren, man unterhält sich laut und ungezwungen. Inzwischen wird mir auch unser Assistent vorgestellt: ein versierter Mann mittleren Alters und deutscher Abstammung, der mit kompliziertem technischem Gerät, wie es ja nun einmal Dia- und Filmapparate seien, gut umzugehen wisse. Er trägt einen braunen, brettsteif gestärkten, gebügelten Arbeitsmantel und schreitet einher wie ein Götze – unheimlich glatt und bleistiftsenkrecht. Er bedeutet mir, daß er zu seiner Unterstützung einen Hilfsassistenten dabei habe, *um reibungsloser zu arbeiten* – so der Übersetzer.

Endlich sind der Diaprojektor da und auch das Verlängerungskabel, die Leinwand, der Filmapparat. Die Projektionslampe wird eingeschaltet, das erste Probedia eingelegt – der Tücke des Objektes gemäß erscheint es auf der Leinwand seitenverkehrt und unscharf. Ich bedeute dem verwirrten Assistenten, er solle das Gerät näher an die Leinwand heranrücken, damit das Bild scharf werde, weil die Optik allein nicht ausreiche. Kaum habe ich ausgesprochen, als er mich in die Schranken verweist: Mit ausgestrecktem Arm hält er seinen Handteller senkrecht vor meinen Mund, macht damit vertikale Pendelbewegungen und sucht mich mit dieser dramatischen Gestik zu überzeugen, daß er selbstverständlich wisse, was zu tun sei, und keine weiteren Erläuterungen benötige. Einer meiner Begleiter hat wohl die Geste mißdeutet und will nun seinerseits eine helfende Erklärung geben. Er wird auf die gleiche Weise zum Schweigen gebracht. Da auch ein drittes Angebot zur Hilfestellung nichts fruchtet, wenden wir uns ab und der allgemeinen Unterhaltung zu.

Endlich kommt unser versierter Mann wohl selbst dahinter, daß er den Projektor näher an die Leinwand heranrücken muß, wenn er scharfe Bilder haben will. Flugs klemmt er das eingeschaltete Gerät unter den Arm, läuft vor und zurück, hin und her, um den Schärfepunkt zu ermitteln. Es kommt, wie es kommen muß: Das in seiner Länge beschränkte Verlängerungskabel reißt den Projektor jäh aus der Armklemme heraus. Der geistesgegenwärtige Hilfsassistent schafft es, das Gerät unmittelbar vor dem Aufschlag auf den Fußboden abzufangen.

Jetzt wird es einem meiner Kollegen zu viel. Er greift dem versierten Assistenten an den brettsteifen Kittel, erklärt ihm auf spanisch – was der aber nicht versteht, da portugiesisch gesprochen wird – daß er ein

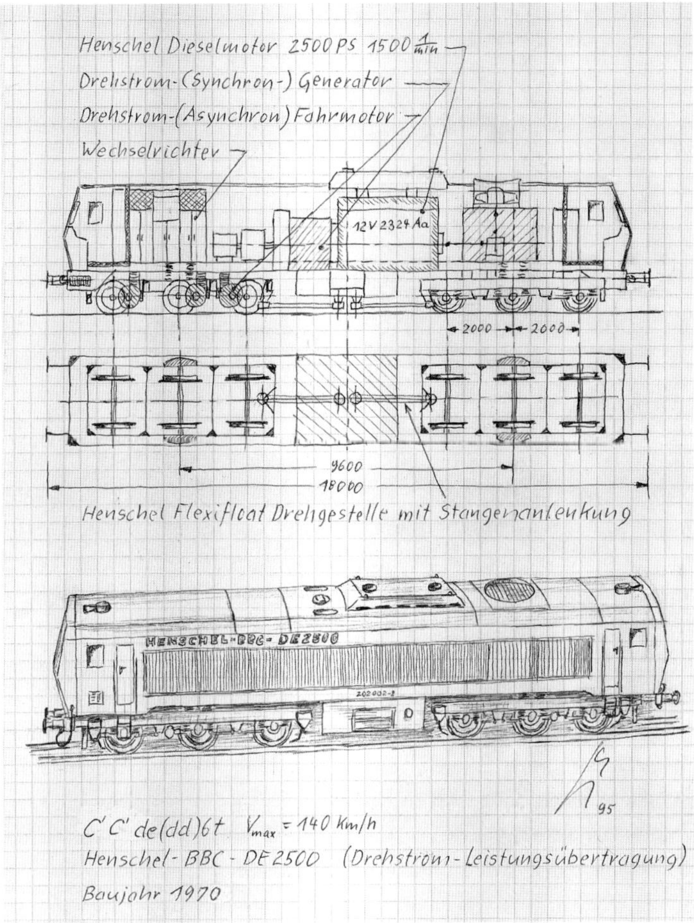

Trottel sei, läßt den Tisch in eine gehörige Entfernung rücken und den Projektor aufstellen. Zwar müssen noch die obligatorischen Bücher untergelegt werden, aber der wacklige Bau ist funktionstüchtig.

Als erster habe ich zu sprechen. Dia Nummer 1 ist gut, dann Wechsel zu Nummer 2. Was ist das nun schon wieder?! Es klemmt, weder vor noch zurück läßt sich das Diapositiv bewegen. Jetzt wird der versierte Assistent wieder agil. Flugs zieht er ein Taschenmesser mit überlanger Klinge hervor und stochert in die Bildführung. Auf der Leinwand sieht man es deutlich: Mit mehreren Stichen wird das Dia zerstückelt und in Einzelteilen aus dem Apparat hervorgeholt. Nicht nur das Dia, auch ich bin zerstört, der Vortrag ist verpatzt. Indes: Keiner der Zuhörer lacht oder empört sich. Man scheint derartiges gewöhnt zu sein.

Mein Kollege wird erneut energisch. Endgültig schiebt er den Assistenten zur Seite, betätigt den Apparat, und ich kann in Ruhe meinen Vortrag halten.

Nach mir spricht Herr Teich. Der Diaapparat bleibt in seiner wackligen Position, es geht ganz gut, ich bediene ihn. Allerdings hat Herr Teich die Angewohnheit, während seiner Vorträge herumzuspazieren. Dabei kommt er hier an eine Stelle des Podiums, wo offensichtlich die Dielen nicht ordentlich befestigt sind. Ohne es zu bemerken, tritt er mit dem Fuß eine solche Diele los. Sie springt hoch, und ein großer Spalt tut sich auf. Mit schlafwandlerischer Sicherheit wandert der Vortragende dauernd haarscharf am Rand des Loches entlang; jeden Moment kann ihm ein Fehltritt unterlaufen. Ich lasse Dia Dia sein, gehe auf das Podium, bringe das verrutschte Brett in seine alte Position und nagele es mit einem krummen Nagel und meinem Schuh halbwegs fest.

»Verehrte Damen und Herren! Als Abschluß und Höhepunkt unserer Vorträge nun der Film 'Henschel-Lokomotiven weltweit' ».

Der versierte Assistent und sein Helfer werden wieder lebendig und tätig. Diaapparat abräumen, Filmgeber aufstellen, Film einlegen, Saallicht ausschalten. Zunächst nichts, dann ein Schnurren. »Aha..oh..ah«.. Dann flimmert es, erst schwach, schließlich immer stärker, schnell unerträglich. Der Film läuft nicht richtig ab. Licht an, Film anhalten. Die Bescherung: Ein Teil des abgelaufenen Filmbandes hat sich um die Führungsrollen geschlungen. Kein Problem, der Versierte greift hinein wie in einen Topf Spaghetti, zerrt, zieht einige Meter zerknitterten Films ans Licht, holt die Spule heraus und ein weiteres Filmende, streift es vom Apparat und seinem Kittel, es fällt zu Boden. Ehe ich mich versehe, geht er mit der Spule zum Tisch, und mit großartiger Grandezza kappt er einige Meter von der Spule, so daß er sicher sein kann, nur noch Glattes auf dem Spulenkörper zu haben. Der Assistent des Assistenten hat inzwischen die Filmenden eingesammelt, sie zu einem Knäuel zusammengeballt, eilt zur Tür, öffnet sie, wirft das Knäuel im hohen Bogen hinaus und knallt die Tür wieder zu.

Ich bin sprachlos, weiß nicht, ob ich mich ärgern oder ob ich lachen soll – der Filmanfang ist weg. Doch es geht bereits weiter. Der Rest des Filmes – es ist der bei weitem längere Teil – läuft ohne Anstand durch den Geber. Mit Ton.

Die Zuhörer sind begeistert. Die Diskussion hält sich in Grenzen, es gibt wohl nur zwei wirklich interessierte Besucher.

Als wir am Ende der Veranstaltung unsere Dias und den Film einpakken, stehen uns der versierte Assistent, der mit kompliziertem technischem Gerät umzugehen weiß, und der Assistent des Assistenten fast auf den Füßen. Noch immer unwirsch, erkundige ich mich, was sie denn noch wollen.

»Ja«, meint der Dolmetscher, »sie haben beide gut gearbeitet und sie ausgezeichnet unterstützt. Sie erwarten ein angemessenes Trinkgeld«.

Was sie auch erhalten. Befriedigt traben sie von dannen, und auch wir suchen nach diesem technischen Abenteuer schleunigst unser Rückflugzeug zu erreichen.

Die Feuerlose

»Furchtbar«, klagte Abteilungsleiter Weiß, für die Reparaturlokomotiven zuständig, »was alles so passiert. Können sie sich an den Auftrag für die feuerlose Lok erinnern?«

Ich erinnerte mich, gut sogar, weil der Anlaß für den Auftrag ein ominöser Unfall und die Reparatur erst vor kurzem abgeschlossen war.

Eine Lack- und Farbenfabrik hatte für das Rangieren eine B-gekuppelte feuerlose Lokomotive jahrelang anstandslos in Betrieb. Eines Feierabends fuhr sie in ihren an eine Werkstatt grenzenden Schuppen. Der Lokführer hatte gerade das Tor verschlossen, als es einen lauten Rumms tat und Mörtelwolken durch die berstenden Glasfenster drangen. Nachdem er den ersten Schreck überwunden hatte und das Tor aufriß, sah er von seiner Maschine nur noch das Fahrgestell. In der Wand zur Werkstatt klaffte ein großes Loch. Ein Kesselzerknall.

Glücklicherweise hatte sich niemand mehr in der Werkstatt befunden.

Die Ursache des Unfalls konnte nie recht aufgeklärt werden. Wir bekamen den Auftrag zum Aufarbeiten des Fahrgestells nebst Dampfmaschine und zur Neubekesselung. Alles wurde erledigt, und die Lokomotive versah wieder ihren feuerlosen Dienst.

»Nun,« sagte Herr Weiß etwas bedrückt, »heute früh ist an dieser Lok während des Füllens das Füllventil explodiert! Dabei hat sich der Kessel entleert, und das Füllventil ist im hohen Bogen über den Hof geflogen und in die Mauer des Verwaltungsgebäudes eingeschlagen. Die Fülleitung ist auch hin. Gottlob wurde niemand verletzt.«

Die Untersuchung ergab einen groben Gußfehler im Gehäuse des Ventils. Selbstverständlich war das Gehäuse vor dem Einbau untersucht und geprüft worden. Die Protokolle und die Röntgenbilder lagen vor. Auch bei nochmaliger kritischer Durchsicht der Unterlagen fanden wir keinen Anlaß zur Beanstandung. Die Wandung mit den Lunkern hätte unmöglich beim Röntgen übersehen werden können. Es mußten an irgendeiner Stelle Bilder verwechselt worden sein. Nach langem Hin und Her zwischen den Prüfern und dem Lieferanten wurde schließlich ein neues und diesmal doppelt geprüftes Füllventil eingebaut.

Der Lokführer erzählte mir später einmal, daß seitdem die meisten Werkangehörigen einen großen Bogen um die Feuerlose schlagen; erst jetzt werde sie respektvoll gewürdigt.

Die Knödellokomotive

Zur Hannover-Messe hatte Henschel unter anderem zwei dieselhydraulische Lokomotiven aus der sogenannten Standardbaureihe, eine DH 240 B und eine DH 500 C, ausgestellt. Etwa eine Stunde vor Messeschluß – der Besucherandrang hatte nachgelassen und wir standen plaudernd beieinander – meinte unser erprobter und mit allen Geschäftspraktiken vertrauter Verkaufsdirektor Leopold, daß ein Zurschaustellen von Lokomotiven auf technischen Messen in der Hoffnung, sie auch gleich zu verkaufen, vergebliche Liebesmüh sei:

»Ich habe in meinem langen Berufsleben noch nie eine Lokomotive am Messestand verkauft. Deshalb kann man sich das Ausstellen sparen, es kostet viel und bringt wenig. Die Leute, die Lokomotiven benötigen, wissen, wer und wo wir sind.«

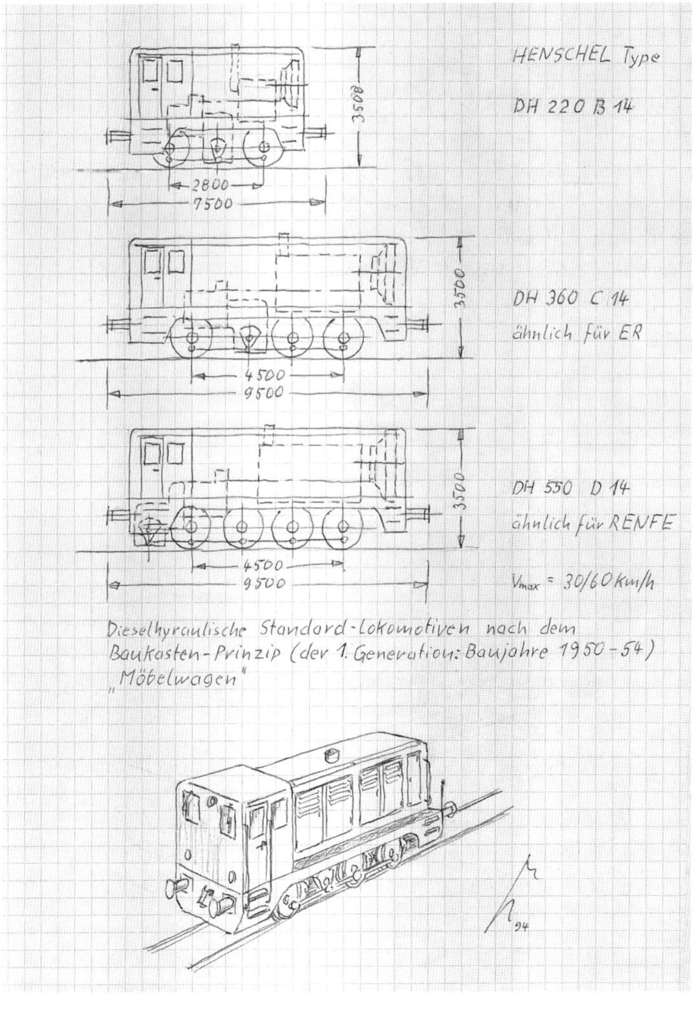

Sprach's, lehnte sich bequem zurück, genoß die Bewunderung der jüngeren Kollegen und bestellte sich einen Kaffee.

Just in dem Moment, als der Kaffee serviert wird, betreten drei fröhlich laute Herren den Messestand.

»Guten Abend, sind wir hier richtig bei dem Sohn von Herrn Henschel, der die Lokomotiven baut? Ja, dann hätten wir gern eine... ha, ha, ha...da sind wir aber gespannt, ob das möglich ist.«

Wir sind nicht minder verblüfft als Herr Leopold, aber er scheint anzunehmen, daß die Abordnung eigens von uns bestellt worden ist, um seine Ausführungen zu widerlegen.

»Kommen sie nur näher, meine Herren, wieviel Stück dürfen es denn sein? Wir liefern auch Meterware...«

Die Verblüffung wechselt nun zu den Besuchern über, und es dauert eine geraume Zeit, bis alles geklärt ist: Die leicht angeheiterten Besucher wollen tatsächlich eine kleine Rangierlokomotive kaufen, hier auf der Messe, sofort. Pech für uns, denn die kleinste, die wir herstellen, hat zwar 120 PS, ist aber nicht ausgestellt. Clever schlägt Herr Leopold vor:

»Meine Herren, wir haben einen Wagen vor der Tür und können sofort nach Kassel fahren. Sie erhalten ihre Lokomotive noch heute.«

Nein, das wollen sie nicht, es müsse schon hier in Hannover sein, direkt vom Messestand weg. Leider.

Lachend verabschiedeten sich die Besucher.

In unmittelbarer Nachbarschaft zu Henschel hatte Orenstein & Koppel seine Messevertretung. Dort stand so eine kleine Rangierlok. Man sah es: Die drei Herren steuerten unmittelbar darauf zu, blieben nicht allzulange dort und wurden betont freundlich verabschiedet. Am nächsten morgen prangte ein Schild an der Maschine: *Verkauft an Pfanni-Knödel.* Herr Leopold las dieses Schild natürlich auch. Sein Kommentar:

»Wir sollten froh sein, daß wir den Auftrag nicht bekommen haben. Stellt euch vor, wieviel Jahre unsere Kantine Knödelgerichte machen müßte, um die Lok abzuessen. Lieber für einen Moment einen Kloß im Hals als dauernd Klöße auf dem Teller«.

Geburtstag

Im Binnenhafen Duisburg rangierte eine C-gekuppelte Naßdampftenderlokomotive. Sie war vor kurzem in einer Maschinenwerkstatt überholt worden. Henschel hatte den Auftrag verloren, weil *viel zu teuer.*

Eines Tages bringt nun diese Lokomotive ein paar Wagen auf den Kai. In unmittelbarer Nähe hat ein Selbstfahrer festgemacht, ein Lastkahn mit eigener Maschinenanlage und eigenem Antrieb. Es stellt sich heraus, daß sich Lokmannschaft und Kapitän kennen, und da der Schiffer wegen seines Geburtstages gerade einen kleinen Umtrunk eingeleitet hat, ruft er dem Lokführer und seinem Heizer freudig zu, sie mögen doch mal für einen Moment an Bord kommen. Nö, das ginge nicht, man dürfe die Maschine nicht ohne Aufsicht lassen.

»Quatsch«, ist die bündige Antwort, »für eine Tasse Kaffee und einen Kurzen geht das schon. Ihr seht ja eure Holde durchs Kabinenfenster. Die klaut keiner.«

Blicke zwischen Lokführer und Heizer signalisieren Bereitschaft mit Bedenken.

»Na, gut«.

Beide gehen aufs Schiff.

Sie haben die erste Tasse Kaffee noch nicht ausgetrunken, als es einen Schlag tut: Rumms, Pfeifen, Zisch, Pitsch. Dann Stille. Alle sehen sich verdutzt an. Was war das? Kapitän und Lokführer hasten an Deck. Zunächst ist nichts zu sehen. Plötzlich fragt der Schiffer:

»Wo ist denn eure Lok? Da steht ja nur noch das Fahrgestell!«

Tatsächlich. Laufwerk, Rahmen, ein arg verbogenes Führerhaus – das ist alles. Die notwendige Meldung war für alle Beteiligten unangenehm.

Der Lokomotivkessel wurde bald im Hafenbecken gefunden und gehoben. Es stellte sich schnell heraus, daß eine Reparatur an der Feuerbüchse mangelhaft ausgeführt und die Reparaturstelle Auslöser des Kesselzerknalls war. Lokführer und Heizer waren unschuldig. Der Kessel wäre auch mit einer auf dem Führerstand befindlichen Mannschaft in die Luft geflogen. So war es für die beiden ein Glück im Unglück, ein zweiter Geburtstag geworden.

Obwohl gepfuscht worden war, hatte niemand großes Interesse daran, die Angelegenheit hochzuspielen, zumal die Reparaturwerkstatt alle Schäden bezahlte. Menschen waren zudem nicht betroffen. Nur gegen die Aufstellung des zerknallten Kessels mit Hinweis auf die Ursache wurde von mehreren Seiten protestiert, so daß die Demonstration unsachgemäßer Arbeit und ihrer Folgen leider unterblieb. Henschel erhielt kurze Zeit danach den Auftrag für die Reparatur einer C-gekuppelten Naßdampftenderlokomotive nebst Bau eines Ersatzkessels.

Abgelehnt

Henschel hatte nach Thailand dieselhydraulische 1200-PS-Lokomotiven geliefert. Da es Schwierigkeiten wegen der Grenzbelastung gegeben hatte, war später eine neue Ausschreibung auf leistungsstärkere 1500-PS-Maschinen der gleichen Version gefolgt. Der Grundgedanke der Thailändischen Bahn war, von Henschel eine Art Nachlieferung zu erhalten. Als ich jedoch die technische Spezifikation durchgesehen hatte, lehnte ich eine Beteiligung wegen der übertriebenen Anforderungen in der Steigungsstrecke ab. Der Henschel-Vorstand stand Kopf: Wenn die Konkurrenz das kann, dann kann es Henschel schon lange, hieß es. Da ich als technisch Verantwortlicher bei meiner Haltung blieb, war die nächste Reaktion des Vorstandes entsprechend schärfer: Ob ich mir denn klar darüber sei, daß ich mich sehr weit aus dem Fenster lehne? Der dritte Schritt war nur noch eine logische Konsequenz: Ich trug dem Vorstand an, die technische Verantwortung selbst zu übernehmen. Die übernahm er natürlich nicht. Henschel lehnte offiziell ab, und die Thailändische Eisenbahn war darüber keineswegs erfreut.

Es versteht sich von selbst, daß wir die weitere Entwicklung mit Spannung erwarteten, und es dauerte auch seine Zeit, bis die Konkurrenz geliefert hatte. Und dann erfuhr ich, daß sie für die Steigungsstrecke keinerlei Probleme gesehen habe. Im Gegenteil, die gewünschten Anforderungen konnten übererfüllt werden.

Der Tag der Wahrheit kam mit der Abnahmefahrt: Der Testzug blieb in der Steigungsstrecke stecken, die Lokomotive schleuderte, der Zug mußte rückwärts bergab die Strecke räumen. Bei erneuten Anläufen war das Ergebnis nicht besser, auch Sanden, ja selbst das Reinigen der Schienenlaufflächen half nichts; die Anhängelast mußte verringert werden. So kam es, daß die neuen 1500-PS-Maschinen weniger als unsere *alten* 1200-PS-Lokomotiven zogen.

Eine Prestigerettung sah man nun in der Erwartung, daß die Neuen in der Ebene schneller seien. Auch das wurde probiert, und auch hier stellte sich das Gegenteil heraus: Die verlangte Geschwindigkeit wurde um 2 km/h nicht erreicht. Immer, wenn es schneller gehen sollte, kam eine Krümmung oder ein Bahnhof, so daß sich der erhöhte Fahrwiderstand einer Beschleunigung entgegenstellte. Selbst die Installation genauerer Meßinstrumente verschlechterte das Ergebnis nur.

Das Ende war die Auseinandersetzung der Juristen wegen Nichterfüllung der technischen Spezifikation hinsichtlich zweier wesentlicher Punkte: Zuglast in der Steigung nicht befördert und Höchstgeschwindigkeit in der Ebene nicht erreicht. Eine ansehnliche Konventionalstrafe stand zur Debatte.

In dieser Geschichte gab es zwei Nachspiele. Henschel erhielt von der Staatsbahn von Thailand (SRT) den Auftrag, zehn 1500-PS-Lokomotiven (der Konkurrenz) auf Henschel-Drehgestelle und Radsatzgetriebe umzurüsten. Die Annahme des Auftrages ließ sich nicht verhindern, wollten wir nicht alle Sympathien der Thailänder verlieren. Der Umbau war nicht einfach, doch das Ergebnis schließlich zufriedenstellend.

Das zweite Nachspiel betraf die Konkurrenz. Sie hatte inzwischen die Führungsspitze ausgewechselt. Der neue Vorstand ging die Sache wesentlich geschickter an. Nach Jahren der Verstimmung wurde ein Kompromiß gefunden, der Firma und Bahn zufriedenstellte. Weitere Lokomotiven erhielten dann keine Henschel-Gestelle mehr.

Kopfschmerztabletten

Das Gespräch bei Bayer in Leverkusen lief von Anfang an ungünstig. Wir hatten unser Angebot abgegeben und waren nun zur Klärung von Einzelheiten angereist. Unser Gegenüber ließ uns einfach nicht zu Wort kommen. Die vorgeschlagenen Fahrzeuge seien viel zu kompliziert. Na, und dann erst der Preis! Der Bayer-Mann schien sich vor Lachen ausschütten zu wollen – so einen Witz hätte er lange nicht mehr vernommen.

Plötzlich hörte man ein ungewöhnliches Geräusch. Es ließ sich nicht einordnen, schien aber von einem Fahrzeug auszugehen, etwa einer Kreuzung aus Straßenkehrmaschine und Bagger. Darauf hatte unser Gesprächspartner wohl gewartet. Er stand auf und rief uns ans Fenster:

»Sehen sie, das hat unsere Werkstatt gebaut. Toll, wie?«.

Draußen fuhr mächtig rumpelnd eine aus zwei kleinen Lokomotiven zusammengestellte Doppellok vorbei.

»Diese Lok hat sich vollauf bewährt. Und, meine Herren, sie kostet einen Bruchteil ihrer unnötig verfeinerten Konstruktion. Was sagen sie denn als Techniker dazu, Herr Kademann, na..na..na..!?«

Meine Position war zwiespältig. Natürlich fühlte ich mich verpflichtet, unseren Vertriebsleiter zu unterstützen und den Auftrag für Henschel nach Hause zu bringen. Andererseits … Ich sagte schließlich, daß ich auch schon versucht hätte, mir eine Kopfschmerztablette aus Gips anzufertigen. Die Form sei zwar gelungen, aber die Wirkung ausgeblieben, selbst als ich zwei genommen hätte.

»So, so«, funkelte mich der Bayer-Mann an, »sie halten wohl nichts von unserer Konstruktion?«

»Nicht viel, da man keinen Vergleich ziehen kann zwischen einer soliden Neukonstruktion und einer Verlegenheitslösung aus zwei zusammengewürfelten Altbauloks.«

Damit war die Besprechung beendet. Den Auftrag bekamen wir nicht.

Der Stoßdämpfer

Die ÖBB hatten zu einem Gespräch über dieselelektrische Lokomotiven eingeladen. Zuständig für die Veranstaltung war Herr Hofrat Sahlinger. Er empfing uns in seinem Zimmer und bat uns auf eine giftgrüne Couch, bei der sich die Sitzfedern bereits bedenklich durch den Plüschbezug markierten. Prompt erwischten denn auch mein Begleiter vom Kundendienst und ich jeder ein Tal zwischen den Federn, so daß uns die Platte des vor der Couch stehenden ovalen Tisches bis unter das Kinn reichte. Wir mußten uns hocharbeiten und dann versuchen, auf den Federn zu balancieren, was kaum möglich war. Außerdem gaben die Federn bei jeder Bewegung bedenkliche, knarrende Geräusche von sich.

Der Herr Hofrat war nicht allein. Zu seiner Unterstützung hatte er zwei Sachbearbeiter hinzugebeten. Einer dieser beiden Jünger der Technik schien besonders beflissen zu sein. Kaum hatte der Hofrat die Besprechung endlich eingeleitet, als der Herr Sachbearbeiter bereits anfragte, ob er eine wichtige Bemerkung von allgemeinem Interesse machen dürfe. Jovial erklärte der Hofrat:

»Aber ja, Herr Ingenieur, nur zu, wir sind sehr gespannt darauf.«

Damit begann eine Farce, die schwer zu erläutern ist, wenn man sie nicht selbst erlebt hat.

»Also, meine Herren, da sind wir uns wohl alle einig: Ein Stoßdämpfer m u ß öldicht sein – das ist wichtig und von allgemeinem Interesse.«

»Zweifelsfrei«, antwortete der Hofrat.

»Nun, ich will es noch einmal betonen wegen der Wichtigkeit: Ein Stoßdämpfer m u ß öldicht sein.«

»Ja, ja, so, so, wir haben es nun gehört«, sagte der Hofrat.

»Der Stoßdämpfer ist besonders wichtig, und der muß öldicht sein!«

»Ja, also, bitte, wir haben es nun dreimal gehört. Bitte, weiter, Herr Ingenieur.«

»Man kann es nicht oft genug sagen: Ein Stoßdämpfer muß öldicht sein, sonst funktioniert er nicht.«

»Ja, das wissen wir nun wirklich, Herr Ingenieur. Haben wir denn da Schwierigkeiten?«

»Eigentlich nein, Herr Hofrat, ich habe nur wegen der Wichtigkeit und wegen der allgemeinen Bedeutung darauf aufmerksam machen wollen:«

Der Herr Ingenieur hätte sicherlich noch lange und gern im Mittelpunkt des Interesses gestanden, aber der Herr Hofrat löste das Problem auf seine Weise: Er bat zu Tisch. Nach dem Essen mußten wir ohne den Herrn Ingenieur auskommen. Er hatte eine andere wichtige Aufgabe zu erledigen.

g oder e

Bei einer großen Industriebahn im Ruhrgebiet war kein Geringerer als ein Oberbaurat für die Beschaffung von rollendem Eisenbahnmaterial zuständig. Darüber hinaus galt er im Werk für den gesamten Eisenbahnbetrieb als oberste Instanz. Ich war hinbestellt worden, weil es um die Beschaffung einer neuen Diesellok ging und die Konkurrenz angeblich unsachlich vorging.

Das Büro des Oberbaurats war im Stile eines preußisch-hessischen Nebenbahnpersonenwagens erster Klasse im satten Dunkelgrün mit viel Plüsch und Quasten eingerichtet. Der Oberbaurat erläuterte, daß er mit seinem Assistenten dabei sei, einen Vergleich aller Angebote aufzustellen. Hierbei seien Unklarheiten aufgetreten, und so etwas kläre er gern von Mann zu Mann.

»Ich will gleich zur Sache kommen und ihnen einen polemischen Brief ihrer Konkurrenz vorlesen…Moment, bitte…ach hier…nein…usw.usw…aha, hier steht es:..daß bei der Henschel-Lok die Radsatzgetriebe viel größer sind und dabei bedenkt, daß bei Fahrt eine vertikale Zusatzbeanspruchung der Schiene mit 5 g wirksam wird.«

Er schüttelte den Kopf und wiederholte langsam und gedehnt:

»Mit… 5… g… wirksam… wird…«

Aufblickend wandte er sich zu mir:

»So ein Unsinn, nicht wahr! Natürlich haben wir gar nicht reagiert wegen der 5 Gramm, nicht wahr.«

Der Assistent nickte.

»Was sagen sie denn nun zu solch einem unsinnigen Vorwurf, Herr Kademann?«

Ich gab ihm recht, schließlich wollte ich Lokomotiven verkaufen, meinte aber auch, daß das g vielleicht anders aufzufassen sei, als Erdbeschleunigung, wobei g etwa 10 m/s^2 sei. Ich gab ihm erneut recht, als er schimpfte, daß man den Brief hätte eindeutiger abfassen müssen, damit so ein Mißverständnis gar nicht erst aufkommen könne.

»Trotzdem«, räsonierte der Oberbaurat weiter, »im Bergbau wird die Erdbeschleunigung mit dem Buchstaben e abgekürzt und nicht mit g. Was soll das g denn heißen?«

Ich antwortete, daß es vom Lateinischen *gravitas* komme, was Schwere bedeute. Nun, er wolle sich nicht mit Spitzfindigkeiten befassen, ob nun g oder e – der Brief bleibe unsachlich, und deshalb habe er diese Konkurrenz auch ans Ende seiner Liste eingestuft. Der Assistent nickte erneut. Aufstehend fuhr der Oberbaurat fort:

»Es ist doch immer wieder ein Vergnügen, mit einem Fachmann zu reden, da wird so ein Unsinn gleich im Keime erstickt. Und nun gehen wir essen, das haben wir uns redlich verdient, nicht wahr.«

Den Auftrag bekam Henschel.

I take two

Wir hatten 1962 Schwierigkeiten mit den Ägyptischen Nationalen Eisenbahnen (ENR) wegen gelieferter Lokomotiven. Die Reklamationen waren recht massiv – zu recht, wie sich bei meinem Besuch in Kairo herausstellte. Die Schlüsselfigur war offensichtlich der Chefingenieur der ENR, Mister Osman Shafik. Vorsichtige Erkundungen ergaben, daß der korpulente Herr leidenschaftlicher Modelleisenbahner und strenger Vegetarier sei, der gern Kognakkirschen äße und dem

Whisky nicht abgeneigt sei. Das war gut, denn Modellbahner war ich auch, und bei der Schokoladenleidenschaft konnten wir uns treffen.

Beim zweiten Besuch lief es so, wie ich es mir zurechtgelegt hatte. Ich führte Modellbahnkataloge im Reisegepäck mit und auch ein Lokomotivmodell, von dem ich inständig hoffte, daß er es nicht schon hätte. Als er das während einer Konferenz erfuhr, ließ er sie sofort unterbrechen und empfing mich. Mister Shafik unterhielt sich mit mir in Gegenwart der Konferenzteilnehmer lange und ungeniert über das Neueste auf dem Gebiet der Modelleisenbahn. Natürlich hatte ich die Kognakkirschen dabei und bot sie ihm im Laufe des Gesprächs wie beiläufig an. »Oh, das ist eine angenehme Überraschung. Reichen sie die Pralinen herum.« Ich öffnete die Packung, und die Reihe kam zuerst an ihn. Mit großartiger Geste langte der beleibte Herr zu und kommentierte lachend: »I take two.«

Osman Shafik blieb ein langjähriger Freund, weit über die Zeit nach seiner Pensionierung hinaus.

Zucker im Tee

Anläßlich einer der Besprechungen bei den Ägyptischen Nationalen Eisenbahnen (ENR) bat man mich, doch bei der Gelegenheit eine Unregelmäßigkeit anzusehen, die immer wiederkehre, für die es aber keine Erklärung gebe. Und zwar falle bei den gelieferten Diesellokomotiven nach gewisser Zeit die Steuerung aus. Und im übrigen würden die Lokführersitze nichts taugen, sie seien viel zu leicht gebaut und brächen zusammen. Beide Vorwürfe verwunderten mich sehr. Also begab ich mich ziemlich rasch in das Bw, von wo die Meldungen ausgegangen waren.

Tatsächlich, die Schaltbefehle kommen nicht an, die Instrumente weisen durchweg falsch. Fragend sehe ich mich um.

»Nein, nein, alles ist durchgeprüft, der Motor ist in Ordnung, die Instrumente sind auch geeicht.«

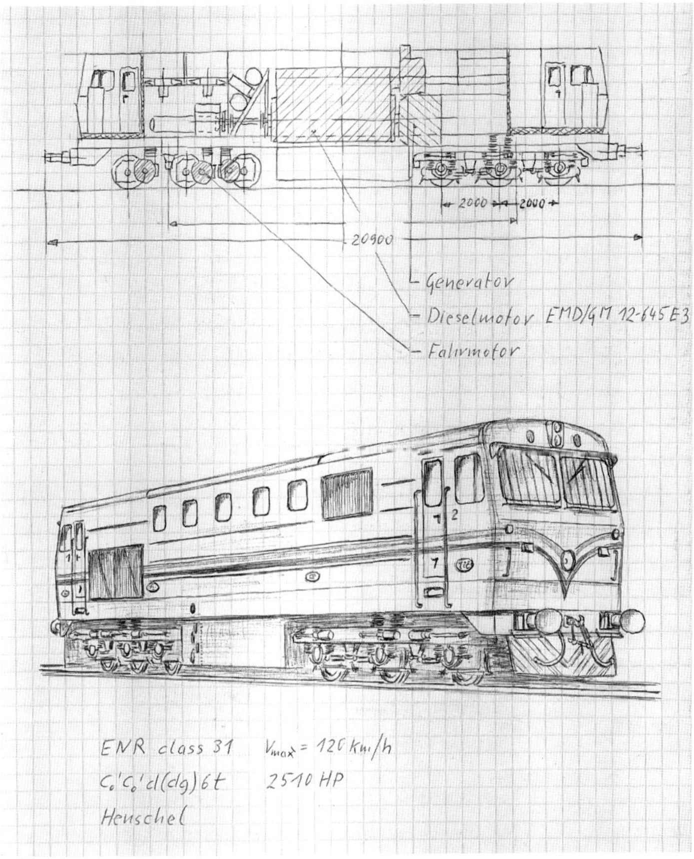

»Und die Steuerleitungen?«

»???«

Ich lasse das Führerpult öffnen. Kaum ist die Verkleidung abgenommen, sieht man ein wundersames Bild: Alle Klemmleisten, Schalter, Kabelbäume usw. sind mit einer dicken, weißen Schicht überzogen, und an vielen Stellen haben sich aus diesem Material regelrechte Stalaktiten gebildet. Ein Prüfen mit feuchtem Finger und der Zunge beantwortet die Materialfrage unmittelbar: Zucker!

Die Schadensbeseitigung war einfach, aber zeitraubend: Ausbau, Reinigung im und mit klarem Wasser, sorgfältige Trocknung, Wiedereinbau und erfolgreicher Probestart. Und die Ursache des Problems? Sie erwies sich ebenfalls als so unkompliziert wie verständlich. Die Lokbesatzungen trinken gewohnheitsgemäß viel heißen Pfefferminztee, reichlich mit Zucker gesüßt. Bei den starken Stößen auf dem nicht sehr gepflegten Oberbau wird viel Flüssigkeit aus den kleinen Gläsern verschüttet, mitunter stürzen sie bei besonders harten Stößen auch um. Und da sie stets auf dem Führerpult stehen, tropft die Zuckerlösung durch alle Ritzen auf die darunter befindlichen Einrichtungen und Geräte. Beim Verdunsten kristallisiert der Zucker dann aus.

Die Nachfolgeserien erhielten im Einvernehmen zwischen Bahnverwaltung und Hersteller keine ergonomischen Führerpulte mehr, sondern senkrechte Platten vor den Knien. Gläser konnten dort nicht mehr abgestellt werden. Damit war das Übel in radikaler Weise beseitigt.

Weniger leicht war das Stuhlproblem zu lösen. Tatsächlich zeigte man mir Stühle, die trotz offensichtlich solider Konstruktion und Bauausführung genau so offensichtlich zusammengebrochen waren. Wie denn das? Allgemeines Schulterzucken...

Erst später kam ich der Sache näher. Bei einer Mitfahrt auf dem Führerstand einer gerade gelieferten Neubaulok erlebte ich, daß sich immer mehr Freunde des Lokführers als Mitfahrer einfanden. Schließlich waren wir zu sechst, was auch in Ägypten nicht erlaubt ist. Doch das war nicht des Pudels Kern. Vielmehr setzten sich zu meinem Erstaunen zwei der Bekannten des Lokführers freundschaftlich links und rechts neben ihn auf die Seitenlehnen, und ein weiterer balancierte mit Hilfe einer Kiste auf der Rückenlehne. Dafür war der Lokführersitz wahrhaftig nicht konstruiert: Vier Mann, und das bei der Gleislage! Es war lediglich eine Funktion der Zeit, wann der Stuhl zusammenbrechen mußte. Geklärt war die Ursache nun, aber gelöst werden kann das Problem nur, wenn Stühle für vier Personen eingebaut werden, die es aber nicht gibt. Belehrungen sind fruchtlos.

Scheinwerfertest

Das Pflichtenheft der Eisenbahnen der Volksrepublik China (CPRR) für die Streckendiesellokomotiven der Baureihen NY 6 und NY 7 enthielt für den Scheinwerfer eine Mindestreichweite von 1000 Metern, eine Forderung, die außergewöhnlich und kaum zu erfüllen ist. Während der Vergabeverhandlungen in Beijing (Peking)1970 gelang es mir in hartnäckigen Diskussionen, die Weite auf 800 Meter herunterzuhandeln, wohl wissend, daß auch dies kaum einzuhalten sein würde.

Der Auftrag wurde erteilt und die Lokomotiven 1972 gebaut. Zur Abnahme erschien in Kassel eine chinesische Kommission. Sie prüfte gründlich alle technischen Vertragspunkte, fand sie in Ordnung und verlangte zum Schluß den Scheinwerfertest, aber unter *chinesischen Bedingungen*, sollte heißen nicht im Werk, sondern auf freier Strecke ohne zusätzliche Lichtquellen aus Fabrik-, Stadtstraßen- oder Dorfbeleuchtungen.

Eine entsprechende Strecke ist von der Bundesbahn gemietet. Mitternacht gehen die Chinesen in Position: Der Mann auf der Strecke im schwarzen Mantel 800 Meter vom Stirnführerraum entfernt, mit einem Funksprechgerät ausgerüstet, im Führerraum der Abnahmeinspektor, Herr Wang, ebenfalls mit einem Funksprechgerät versehen, dazu der Dolmetscher. Herr Wang gibt die Anweisungen, was die Testperson zu tun hat: Im Gleis stehen, hinknien, aus dem Gleis treten, ins Gleis treten usw. Ich beobachte die Szene mit einem kleinen japanischen Nachtfernglas, verdecke es mit der Hand, so daß Herr Wang es nicht entdecken kann, und kommentiere alle Bewegungen. Herr Wang, der trotz offensichtlicher Anstrengung nichts sehen kann, ist höchst erstaunt, fährt sich über die Augen, betupft sie mehrmals mit dem Taschentuch, reibt sie sich. Dann endlich entdeckt er mein Nachtglas. Helles, langes Lachen.

»So«, sagt er, »sie sehen also auch nichts – ohne Glas.«

Ich bejahe.

»Eigentlich müßte ich ihnen ja böse sein, aber ich kann es nicht, denn ich bin froh, daß meine Augen in Ordnung sind. Ich glaubte schon, daß meine Sehschärfe nachläßt.«

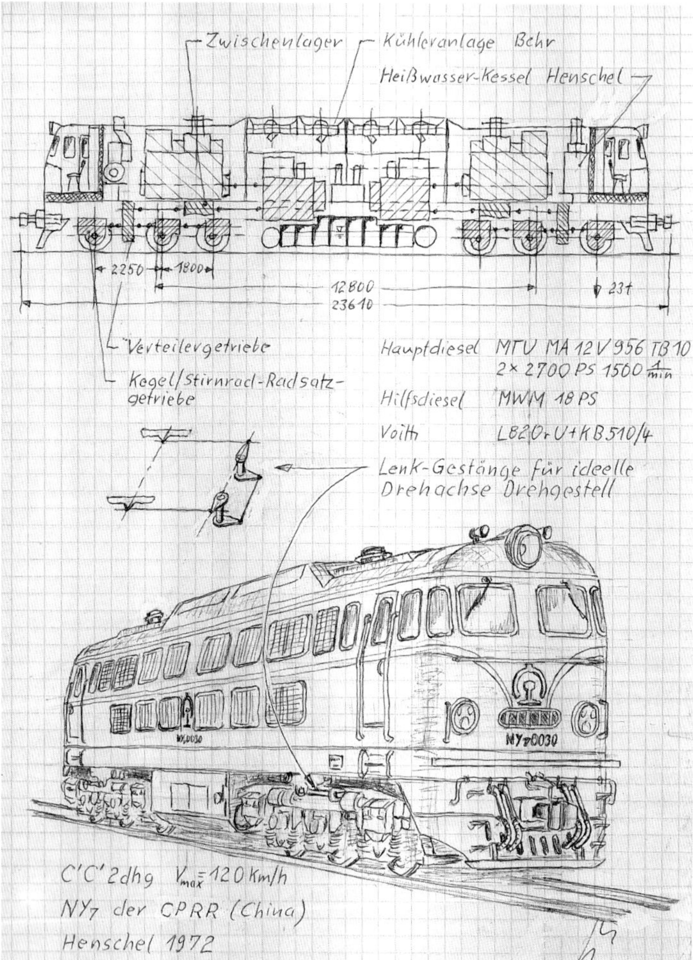

Wir einigen uns nunmehr festzustellen, bei welcher Entfernung die Testperson unbewaffneten Auges auszumachen ist. Es werden 600 Meter.

»Das ist nicht erfreulich«, stellt Herr Wang fest, »aber wir sind zufrieden mit der Lokomotive – sie haben alle übrigen Bedingungen des Pflichtenheftes erfüllt. Wir sind großzügig: Wir registrieren 600 Meter und nehmen die Lokomotiven mit diesem Mangel. Das vermerken wir im Protokoll. Aber ich verspreche ihnen, in China Scheinwerfer an der Lok vorzuführen, die mindestens 1000 Meter Sichtweite haben. Unsere Lokführer müssen nämlich so weit sehen können, wie der Bremsweg lang ist.«

Monate später, bei der Übergabe und Inbetriebsetzung der Lokomotiven, ist es soweit. Herr Wang lädt mich zum Scheinwerfertest *unter chinesischen Bedingungen* ein. Kurz vor Mitternacht fahren wir mit einer chinesischen Lokomotive vom Bahnbetriebswerk Beijing ab auf die freie Strecke, mit Abblendlicht. Dann schaltet der Lokführer auf volles Licht. Es ist kaum zu glauben: Ein scharf gebündelter, leicht bläulich gefärbter Lichtstrahl sticht über 1000 Meter in die Dunkelheit. Alles ist bequem zu erkennen. Herr Wang weidet sich an meinem Erstaunen. Und wir erleben es selbst: Auf der geraden Strecke ist ein Gegenzug mit gleicher Scheinwerferbauart zig Kilometer weit auszumachen.

Am nächsten Tag bitte ich Herrn Wang, den Scheinwerfer näher ansehen zu dürfen.

»Aber bitte, sie dürfen auch gern eine Skizze anfertigen.«

Was ich getan habe. Zurück nach Kassel, habe ich lange versucht, in Deutschland einen ähnlichen Scheinwerfer aufzutreiben: vergeblich.

Rampala

»Also, da haben wir uns mal wieder ausgesprochen, und in meinem Büro wird es auch gleich dunkel. Ich schlage vor, kommen sie mit zu mir nach Hause zum Tee. Da können wir noch ein wenig unser Gespräch über DH- und DE-Lokomotiven vertiefen. Wo ist mein Auto? Unten – natürlich. Die Akten dort, halt, noch die lausige Untersuchung über Checkrails (Leitschienen im Bogen) – so, das wär's, gehen wir. I am now out.«

Spricht's, geleitet mich zur Tür, schließt sie hinter sich und stellt am

Holzbrettchen neben seinem Namen mit einem Schieber diese Nachricht ein.

In der hereinbrechenden Dämmerung beginnt eine lautstark hupende Autofahrt im Spezialwagen von Rampala, der aber der SGR, der Sri Lanka Goverment Railway, gehört. Rampala, Generalmanager der SGR, ein Singhalese, hundert Kilogramm schwer und fast zwei Meter lang, hat den Vordersitz neben dem Fahrer entfernt, um die Beine bequem ausstrecken zu können, und zwischen sich und dem Besuchersitz (hinter dem Fahrer also) etwas sehr Praktisches installieren lassen: einen Sonnenschirm von mordsmäßigen Ausmaßen, allerdings nur von einem speziell ausgebildeten Mann bedienbar.

Der Fahrer hat uns behende und wohlbehalten durch den dichten Linksverkehr der abendlichen Rush-hour bis an Rampalas Haus gebracht. Türen werden aufgerissen, Befehle gehen an die verschiedenen Diener.

»So, Mister Kademann, nehmen sie Platz wo sie wollen, machen sie es sich bequem, es gibt gleich Tee.«

Da es ernsthaft dunkel zu werden beginnt, wird das elektrische Licht eingeschaltet. Bei Tee, Gebäck und Eisenbahnproblemen geht die Zeit in munterer Unterhaltung rasch dahin, als plötzlich – pfimmpäng – eine Glühbirne der an Säulen befestigten Deckenbeleuchtung ihren Geist aufgibt. Rampala, wie stets in souveräner Manier, löst mit dem Zentralklingelknopf an seinem Sessel einen Alarmcode aus. Zumindest genau so schnell wie das *Päng* ist der durch den Code angesprochene Diener da. Rampala weist mit ausgestrecktem Arm auf den Ausfall hin. Es dauert knapp zwei Minuten, bis eine Zwei-Mann-Crew mit Leiter, Werkzeugkasten und einem Wäschekorb voller Glühlampen unterschiedlichster Art erscheint. Unter Rampalas strengen Blicken werden die beiden zusehends nervöser, und vor lauter Angst ist an ein exaktes Arbeiten nicht zu denken. Der Meister muß schließlich selbst Hand anlegen. Als sich die beiden getrollt haben und ich verwundert dreinschaue, gibt mir Rampala eine Erklärung.

»Vor einigen Monaten fiel in der Glühlampenfabrik hier in Colombo der Antrieb der Kolbenblasmaschine aus. Das ist eine etwas komplizierte Maschine, bei der alles stimmen muß: die Glasbadtemperatur, der Gebläsedruck für die Glaskolben, die Herstellgeschwindigkeit usw. In der Fabrik gibt es nur eine derartige Maschine. Wie gesagt,

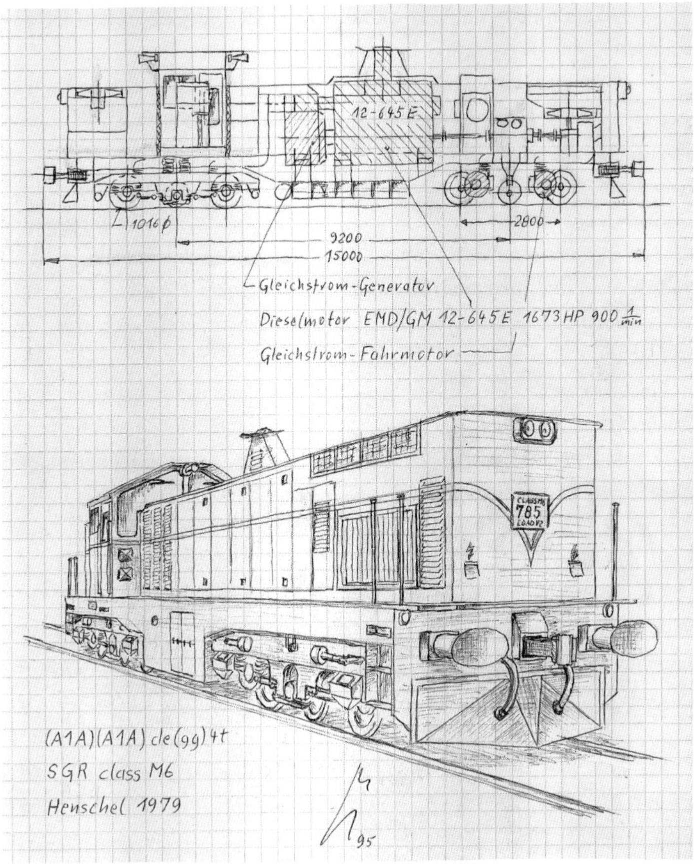

der Antrieb, ein Elektromotor, war ausgefallen, wurde ausgebaut und durch einen Dieselmotor ersetzt, der natürlich entsprechend rumpelte. Ergebnis: alles Ausschuß.

Bald gab es in Colombo keine Glühlampen mehr. Als es auch zu Hause bei den Abgeordneten immer dunkler wurde, ging die Sache vor das Parlament: Ist denn niemand in der Lage, einen Elektromotor zu reparieren? Wie aus einem Munde schallte die Antwort zurück: Doch, Rampala von der SGR!

Nun gut, ich bekam den ehrenvollen Auftrag, wieder für Licht zu sorgen. Eine gründliche Inspektion der Glühlampenmaschine ergab, daß tatsächlich nur der Antriebsmotor defekt war. Der Leiter der Fabrik wollte nun wissen, wie lange die Reparatur dauern und wieviel ich dafür verlangen würde. Er dachte wohl in Monaten und erheblichen Beträgen, sonst wäre er nicht so erstaunt gewesen, als ich ihm meine Forderungen nannte:

- Reparatur des Motors einschließlich Ab- und Rücktransport in 48 Stunden,
- Aus- und Einbau sowie Inbetriebnahme Sache der Fabrik;
- Glühlampen kostenlos auf Lebenszeit für mein Haus.

Alles wurde akzeptiert, bei den Glühlampen allerdings mit der Einschränkung, daß es zweite Wahl sein dürfe, die Fabrik wolle ja auch noch etwas verdienen. Wie sie gesehen haben, Mr. Kademann, habe ich mich darauf eingerichtet.«

Rampala lachte aus vollem Halse. Gerade wurde es 6 Uhr nachmittags. Rampalas Kuckucksuhr (echt Schwarzwald) trat in Aktion: der Kuckuck, erst langsam, dann immer schneller: Kuuuckuuck...Kuukkuck...Kuckuck...Kuckuckuckuckuckuck – Päng! Rampala hatte sie so umgebaut. Mir war die Zeit nicht lang geworden bei diesem Mann mit dem universellen Geist, der so humorvoll über den kleinen Widerwärtigkeiten des täglichen Lebens stand.

Gooty

Gooty ist der Name eines kleinen Ortes in Südindien mit einem großen Bahnbetriebswerk für Diesellokomotiven, an der Strecke von Bombay nach Madras gelegen. Dort waren dieselhydraulische Streckenlokomotiven mit Turbogetrieben Bauart Suri oder in Regelbauart und einem 20-Zylinder-Motor mit 2500 PS beheimatet, damals weltweit die ersten Drehgestellokomotiven mit dieser Leistung bei nur 19 Tonnen Radsatzlast. Für indische Verhältnisse waren die Daten besonders imponierend: Im Sommer werden dort im Schatten 55 Grad gemessen.

Es sollen Vergleichsfahrten mit den beiden Getriebebauarten auf dem nicht weit entfernten Neigungsabschnitt bei Cuddapah stattfinden. Mein Kollege und ich sind bis Bombay geflogen, haben dann den Bombay-Madras-Express bis Guntakal benutzt und sind schließlich nach einer abenteuerlichen Autofahrt im Bw Gooty eingetroffen, um zunächst die Lokomotiven zu besichtigen und um die Fahrten zu besprechen. Mittags erfolgt der Aufbruch mit zwei Lokomotiven nach Cuddapah, wo für den nächsten Tag die Meßfahrten angesagt sind.

Da es weder in Gooty noch in Cuddapah ein Rasthaus geschweige denn ein Hotel gibt, haben die Indian Railway (IR) zwei Aufenthaltswagen mit Schlafabteilen und Toilette bereitgestellt: Zweiachsige Holzwagen, die durch die unbarmherzige Sonne unerträglich aufgeheizt

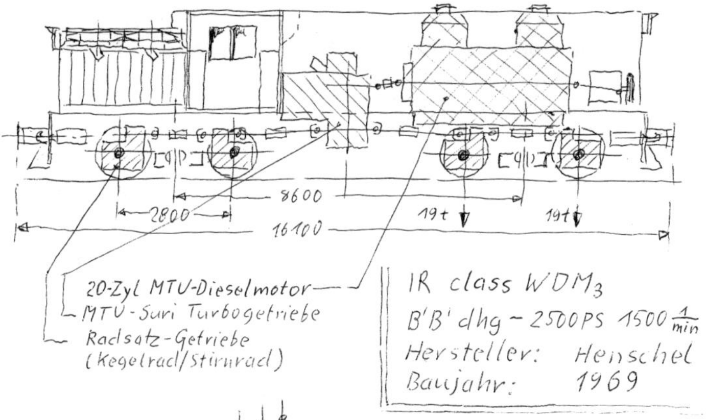

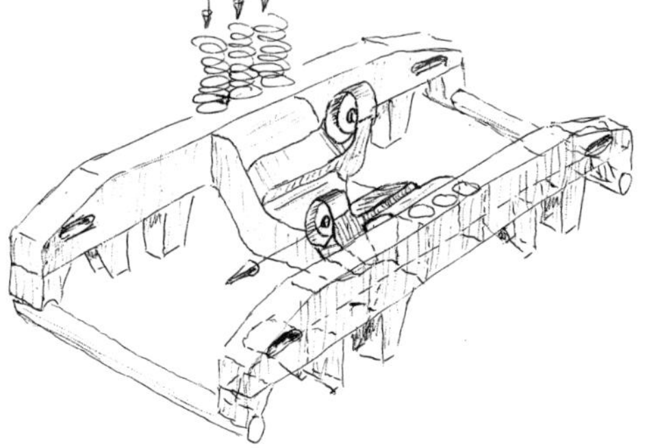

Drehgestell-Rahmen für WDM3

4.4.93

werden. Mit den Servicetechnikern losen wir um die beiden Wagen. Mein Kollege und ich ziehen –wie kann es anders sein – natürlich den schlechteren, wie wir meinen. Zu essen gibt es nichts, auch im Bahnhof nicht. Ein Stückchen hin finden wir schließlich ein Dorf*restaurant*, ein Raum mit Stühlen und Küche. Der Wirt, seine Frau und die Tochter sind über unseren Besuch hoch erfreut und tun ihr Bestes: Lammcurry mit Fladenbrot – über die Hygiene sehen wir, so gut es geht, hinweg.

Zurück im Aufenthaltswagen stellen wir fest, daß im Schlafabteil nur zwei Holzpritschen eine Ruhegelegenheit bieten. Doch wir sind müde, haben vorsorglich Bier – allerdings sehr warmes – dabei – und schlafen schlecht.

Die Morgentoilette findet unter dem Lokomotivwasserkran statt, die Zähne werden mit Bier geputzt, es schäumt herrlich. Als unser Serviceingenieur kommt, sind wir entsetzt: Er ist über und über zerstochen, der Körper mit Quaddeln besät. Er hatte in seinem Wagen eine Matratze gefunden, sich gefreut, nicht auf der harten Pritsche liegen zu müssen, aber nicht bedacht, daß die so genehme Unterlage voller Wanzen sein könne. Die hatten ein üppiges Festgelage gehalten.

Nach einer ausgiebigen Dusche unter dem vollen Rohr des Wasserkranes spenden wir unseren kleinen Vorrat an Insektenstichsalbe. Sie langt bei weitem nicht, bringt aber eine kleine Linderung. Da er zudem robuster Natur ist, erholt er sich im Laufe des Tages. (Die folgende Nacht verbrachte er allerdings auf einem Stuhl im Freien).

Die Vergleichsfahrten auf der Neigungsstrecke mit den beiden Getriebearten verlaufen so, wie wir sie erwartet haben. Neue Erkenntnisse bringen sie keine. Allerdings lernen wir noch ein eigenartiges Eisenbahnschlachtfeld kennen. Für die Talfahrt gibt es vor dem Bahnhof Cuddapah eine Ausweiche mit Gegensteigung, auf einem Damm gelegen. Abgeschlossen wird dieses Gleis durch einen Prellbock. Und hinter dem Prellbock befindet sich ein Riesenberg zerstörter Güterwagen, ja sogar zwei Lokomotiven liegen mit darunter. Zur Erklärung erfahren wir, daß die Ausweiche hin und wieder übungshalber befahren wurde, signalgemäß angezeigt, versteht sich. Aber zwei Lokführer sind wohl zu forsch ins Ausweichgleis hineingefahren und dann in Panik geraten – jedenfalls haben sie ihre Züge nicht mehr zum Halten gebracht, sondern sind über den Prellbock hinaus – und den Damm hinuntergeschossen. Seitdem sind diese Übungen eingestellt.

Nachtfahrt

Mein Kollege war noch nie auf dem Führerstand einer Dampflokomotive mitgefahren.

»Ob das hier wohl möglich ist?«

Wir waren mit dem Nachtschnellzug nach Madras unterwegs. Bespannt war der Zug mit einer riesigen WP, wobei W für *wide gauge* (Breitspur) und P für *passenger* (Schnellzug) stand, einer Pazifik 2'C1' h2. Bereits auf dem nächsten Bahnhof mit etwas längerem Halt gelang es mir, vom Lokführer die Erlaubnis zu erhalten. Also rauf.

Der Führerstand ist geräumig, aber karg. Der Raum zum Tender ist offen, weder durch eine Wand noch durch einen Vorhang abgeschlossen. Die Fläche bietet neben dem Lokführer drei Heizern Platz zum Arbeiten – an Besucher ist nicht gedacht. Eine an Kabellocken hängende Lampe spendet nur mäßige Helligkeit.

Sitzgelegenheiten gibt es keine, auch nicht für die Mannschaft. Man bedeutet uns, vorsichtig zu sein und uns festzuhalten; am besten sollen wir uns in die Ecken auf dem Tender stellen.

Ein Heizer wirft unmittelbar vor Abfahrt noch ein paar Schaufeln Kohle auf. Gespenstisch erhellt das Feuer den Führerstand. Dann gibt es das Abfahrtszeichen: mehrmaliges Pfeifen. Bedachtsam stellt der Lokführer die Steuerung ein, öffnet die Zylinderhähne, löst die Vakuumbremse und greift zum Reglerhebel. Durch die offenen Zylinderhähne schießt das Gemisch aus Dampf und Wasser zischend ins Freie,

die Lok beginnt zu stoßen, ein Höllenlärm entsteht, unterstrichen durch die ersten Auspuffschläge: Eins... zwei... drei.. vier ...eins... zwei... drei... vier ...Wer das noch nie erlebt hat, meint, die Lok flöge jeden Moment auseinander: Eins... zwei... drei... vier, eins, zwei, drei, vier. Langsam kommt der Zug in Fahrt. Der Lokführer geht mit der Steuerung behutsam auf kleinere Füllung, schließt die Zylinderhähne. Wir beschleunigen. Das Laufverhalten der Dampflok auf dem Gleis ist – gemessen an einer Diesellok – hart und schlecht. Die Lampe tanzt an den Kabellocken auf und nieder. Je schneller wir fahren, desto stärker müssen wir uns festhalten – es ist in der Tat kein Vergnügen. Durch das Rütteln scheint mein Begleiter Schwierigkeiten mit seiner Hose zu bekommen. Er hat den Gürtel wohl nicht sehr fest geschnallt, jedenfalls droht sie jeden Augenblick herabzurutschen.

Der Bahnhofsbereich liegt hinter uns, wir gewinnen die freie Strecke. Durch den großen Scheinwerfer an der Rauchkammertür wird das Gleis einigermaßen erleuchtet. Staub und Dunst nehmen allerdings die Sicht auf weitere Entfernung. Der Streckenunkundige hat enorme Schwierigkeiten, die Signale auszumachen.

Wir gewöhnen uns langsam an den Lärm, das harte, schüttelnde Fahren und die Dunkelheit. Jetzt nehmen wir auch wahr, wie die Lokmannschaft arbeitet. Das ist gut eingespielt und ein hartes Brot. Eins... zwei... drei... vier .... eins ... zwei... drei... vier ... immer schneller geht der Auspuff – Donnerwetter, 100 km/h, die Zeiger der Meßinstrumente zittern auf den Skalen.

Die drei Heizer bilden eine Arbeitskette: einer im Tender, der die Kohlebrocken zertrümmert und nach vorn schaufelt; der zweite nimmt die Kohle mit seiner schmalen, langen Schaufel vom Tendertisch auf, dreht sich um 180 Grad und wirft sie mit Schwung durch die enge Schmetterlingsfeuertür zielgenau auf den Rost; der dritte Heizer bedient diese Tür. Er öffnet und schließt sie im Takt des Schaufelns, um so wenig wie möglich kühle Luft in den Verbrennungsraum gelangen zu lassen. Solche Prozedur dauert jedesmal eine gute Minute. Und jedesmal, wenn der Heizende seine Schaufel noch in einer Hand hält, lehnt er sich rücklings zum Führerhausfenster hinaus, späht auf die Strecke und zu den Signalen – alles in Ordnung – und zieht mit der freien Hand am Pfeifenzug: Pfuiüüt. Dann wendet er sich zurück in den Führerstand, greift seine Schaufel wieder beidhändig an, dreht sich zum Tendertisch, schiebt die Schaufel hinein unter die anliegende Kohle, und das Spiel beginnt von neuem. Alle halbe Stunde wechseln die drei Heizer sich ab.

Der Lokführer steht unterdessen auf seinem Platz, beobachtet abwechselnd seine Instrumente, die Strecke, die Signale, korrigiert den Zylinderdruck, blickt nach hinten den Wagenzug entlang. Ein Souverän. Eine Sitzgelegenheit hat er nicht.

Nach etwa zweistündiger Fahrt verlassen wir die Lokmannschaft, um in den Wagen zu wanken – gehen wäre zu viel gesagt. Wir sind gründlich durchgeschüttelt. Natürlich haben wir uns durch kleine Geschenke bei den vier auf der Lokomotive bedankt – schließlich sind wir durch sie um ein eindrucksvolles Erlebnis reicher geworden.

Russisch Grün

Eine große Zechen- und Hafenbahn hatte elektrische Drehgestelllokomotiven in Auftrag gegeben. Die Konstruktion war längst abgeschlossen, und die ersten Baugruppen hatten bereits in der Werkstatt Gestalt angenommen, als immer noch die Festlegung des Anstriches, des Farbschemas fehlte. Dies hatte sich der auftraggebende Vorstand vorbehalten, *weil Techniker die Farbe nicht werbewirksam genug einzusetzen wissen.*

Da die Zeit drängte, ging ich schließlich mit vier unterschiedlichen Anstrichvorschlägen im Maßstab 1:10 zum Auftraggeber. Ich wurde erwartungsgemäß an das technische Vorstandsmitglied verwiesen, das sich die Vorschläge sehr genau ansah – nach Kunstsachverständigenart durch die rohrartig geformte und hochgehaltene rechte Hand. Währenddessen gab ich Erläuterungen. Dann fällte er das Urteil: Drehgestelle silbern, Brückenrahmen dunkelgrün, Aufbauten hellgrün und Führerhausdach wieder silbern.

»Ob das so richtig paßt«, sagte er dazu, »fragt man am besten eine Frau«.

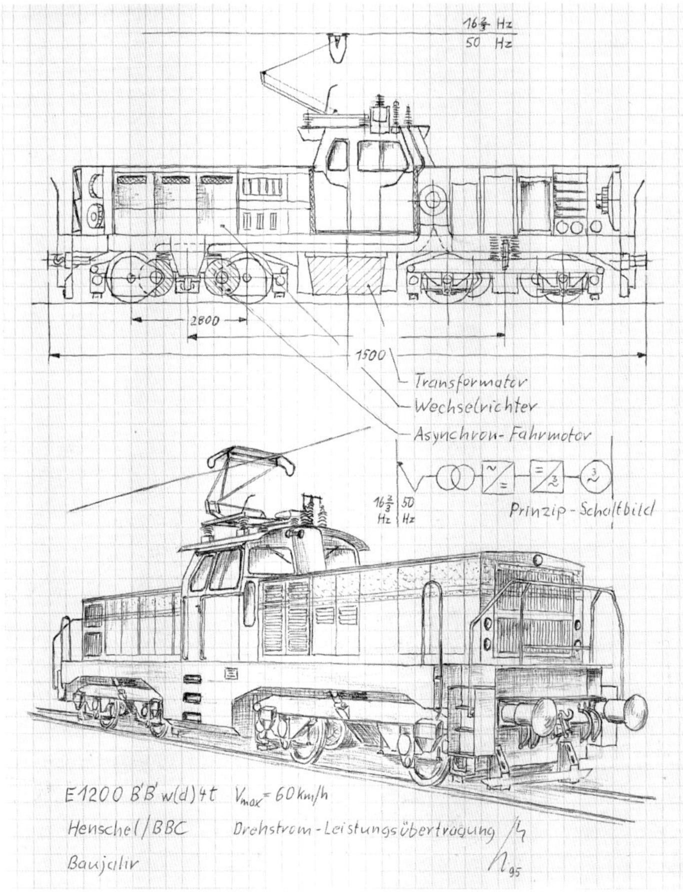

Seine Sekretärin war eine Frau von schnellem Entschluß und sagte zu rot, blau und gelb nein. Von ihr würde die grüne Version bevorzugt – aber das Grün zwischen silberfarben und hellgrün passe nicht. Der kunstverständige technische Vorstand guckte wieder durch die hohle Hand, kniff erneut die Augen zusammen und stimmte ihr zu.

Beide beratschlagten nun, welches Grün denn nun das treffende wäre. Sie hatten es: *Russisch Grün!* Nur das passe zu dem *Laubfroschgrün* der Aufbauten. Sie sahen mich erwartungsvoll ob dieser intellektuellen Hochleistung an.

»Vielleicht können sie das in der nächsten Stunde mal eben ausführen – oder sehen sie da Schwierigkeiten?«

Ich sah keine, ging mit dem grünen Farbvorschlag unter dem Arm ins nächste Geschäft für Künstlerbedarf, kaufte Russisch Grün nebst Pinsel, Töpfchen und Verdünnung. In der Ecke eines Restaurants malte ich bei einer Tasse Kaffee den Brückenrahmen auf Russisch Grün um. Der Unterschied war minimal, aber was sollte es.

Zurück zum Vorstand, wurde die Sekretärin erneut als Gutachterin gebeten. Beide versicherten sich gegenseitig, daß die Lokomotive nunmehr ein sehr werbeträchtiges und ansprechendes Äußere habe.

Abgeschleppt

Der Generalmanager der Eisenbahn in Sri Lanka hatte die Angewohnheit, sein ungewöhnlich großes Zimmer als Demonstrationssaal für schadhaft gewordene Lokomotivteile zu benutzen. Für Besprechungen zu diesem Thema ließ er die Teile antransportieren, stellte sie an einer Längsseite auf, postierte uns als Betroffene an der gegenüberliegenden Seite und nahm selbst, an seinem großen Schreibtisch thronend, an der Schmalseite Platz. Fehlte ein Teil, wurde es flugs durch ein bereitstehendes Transportkommando herbeigeholt. Ein Protokollant hatte alles zu notieren. Es war schon deprimierend, so unmittelbar zu sehen, was alles passiert und kaputtgeht.

In einer solchen Besprechung war vereinbart worden, daß ich auf der Lok eine längere Neigungsstrecke bergwärts fahren sollte, um die Verhältnisse näher zu erfahren. Die Rückfahrt war mit dem Auto geplant.

Alles war, wie vorgesehen, abgelaufen. Wir befanden uns bereits mit dem Wagen auf der Rückfahrt, als es plötzlich einen Knall tat und sich das Fahrzeug links hinten senkte. Polternd hielten wir an. Der Reifen war arg zerfetzt. Ein Ersatzrad befand sich im Kofferraum, Werkzeug war vorhanden, noch einer halben Stunde war der Schaden behoben. Unser Vertreter, der den Wagen zur Verfügung gestellt hatte, erklärte mir, daß dies kein so seltenes Vorkommnis sei und er deshalb immer zwei Ersatzräder mit sich führe.

Keine Stunde später, wir hatten schon das Gebirge verlassen und die Ebene erreicht, schien plötzlich ein Preßlufthammer loszunageln. Schon sah man es: Auf der Motorhaube hob sich eine pilzförmige Ausbuchtung ab. Anhalten und Motorhaube öffnen waren eins. Etwas fiel herunter: eine Zündkerze. Ein Lappen war zur Hand, ich hob sie auf und besah mir verwundert die Gewinde von Kerze und Zylinderkopf: Sie paßten überhaupt nicht zusammen! Darum also hatte sich die Zündkerze gelockert, war ausgeblasen worden und hatte mit der Vehemenz eines Geschosses eine Beule in die Motorhaube geschlagen.

Schieben schied in der feuchtwarmen Atmosphäre des Urwaldes aus. Also legten wir den Zylinder lahm und fuhren stotternd bis zur nächsten Werkstatt. Der Schlosser sah sich die Kerze lange an. Ersatz hatte er nicht. Schließlich drehte er die beschädigte Kerze unter Zuhilfenahme eines flachen Holzspans als Zwischenlage und eines langen Maulschlüssels als Krafthebel wieder hinein. Zwanzig Kilometer weiter sei eine größere Werkstätte, da könne man uns sicher helfen.

Vorsichtig begaben wir uns wieder auf den Weg, doch das Provisorium hielt nicht lange, die Zündkerze wurde erneut ausgeblasen. Mit drei Zylindern kamen wir schließlich in der beschriebenen Werkstatt an, eine passende Kerze war vorhanden, aber das Gewinde im Zylinderkopf war endgültig verdorben; es mußte nachgeschnitten werden.

Als wir weiterfahren konnten, war es Nacht geworden, pechdunkle Dschungelnacht ohne jedweden Lichtschimmer zur Orientierung. Ein unangenehmes Fahren ist das. Weil alle Sinne so angespannt waren, rochen wir es sofort: Benzin.

»Die haben die Benzinleitung nicht wieder richtig festgeschraubt!«, rief unser Vertreter, »los, rasch raus hier!«

Kaum waren wir in die Dunkelheit gestolpert, als es einen dumpfen Schlag tat und der Motorbereich schon in Flammen stand. Im Kofferraum waren genügend Decken. Damit konnten wird nach und nach das Feuer ersticken. Dann gab es nur noch Finsternis um uns herum.

Es dauerte eine Weile, bis ein Wagen des Wegs kam und anhielt: ein Teeplantagenbesitzer. Er bot uns an, unser Wrack auf sein Anwesen schleppen zu lassen und bei ihm zu übernachten. Bei Tagesanbruch würden wir dann ein Ersatzfahrzeug organisieren können.

Wir trauten unseren Augen nicht, als nach etwa einer Stunde im Licht mehrerer Fackeln ein riesiger Arbeitselefant auf uns zukam. Drei Mann waren zu seiner Bedienung dabei. Geschickt spannten sie das Tier vor das Auto, und der Riese zog es mit uns darinnen von dannen, als habe er nicht die Spur einer Last am Zugseil hinter sich.

Via Shanghai

Zu Beginn der Kulturrevolution war es für Besucher aus dem westlichen Ausland recht schwierig, nach China zu reisen. Grundsätzlich mußte die offizielle Einladung einer staatlichen Dienststelle vorliegen. Erst dann konnte das Einreisevisum bei der Botschaft der Volksrepublik China in Paris beantragt werden. All das dauerte.

Wir hatten gerade 4000 PS starke dieselhydraulische Lokomotiven mit zwei dreiradsätzigen Drehgestellen, Klasse NY 5, nach China geliefert, als uns ein Telegramm des Serviceingenieurs über Schwierigkeiten mit der Schaltung des 120-/160-km/h-Stufengetriebes informierte, die er allein nicht klären könne. Es wäre nötig, daß der Chefkonstrukteur käme.

1967 gab es von der Bundesrepublik keine direkte Verbindung nach Beijing (Peking). Vielmehr gelangte man mit der PIA, der Pakistan International Airways, von Frankfurt am Main via Karatchi (Westpakistan) und Dacca (damals Ostpakistan, heute Bangladesh) zunächst bis Shanghai, um dann innerchinesisch weiter nach Beijing zu fliegen.

Die Merkwürdigkeiten dieser Reise beginnen allerdings schon in Dacca. Dort ist das Flugzeug zu wechseln. Das ist nichts Ungewöhnliches, doch der Transitraum, in den ich geleitet werde, ist so leer, daß ich befürchte, einem Irrtum zum Opfer gefallen zu sein. Gerade will ich mich bemerkbar machen, als eine Stewardeß erscheint und mich freundlich auffordert, ihr zu folgen: Das Flugzeug nach Shanghai sei abflugbereit.

Wenige Augenblicke später überfällt mich erneut Unsicherheit. Das

Flugzeug, eine vierstrahlige Boeing 707, ist leer, völlig leer. Sollte…? Tatsächlich:

»Sie sind heute der einzige Fluggast. Herzlich willkommen an Bord.«

Nie wieder bin ich von einer kompletten Kabinenbesatzung so verwöhnt worden, und ich erfahre, daß die PIA auch ohne Passagiere fliegen würde – Kontrakt sei Kontrakt.

Als wir kurz nach Mittag in Shanghai landen und ich stolz wie der reichste Mann der Welt die Gangway meines Flugzeugs hinunterschreite, empfängt mich – ich traue meinen Augen kaum – ein Spalier der Roten Garde und Junger Pioniere. Am Ende des Spaliers stehen ein Chor, eine Musikkapelle, eine Tanzgruppe. Ein Fünf-Minuten-Programm läuft ab, ich werde begrüßt, eine Dolmetscherin übersetzt, daß mich das chinesische Volk herzlich willkommen heiße. Dann erst geleitet man mich zum Gebäude, wo die Einreiseformalitäten zu absolvieren sind. Dies Programm laufe stets so ab, erfahre ich, unabhängig von der Anzahl der Fluggäste.

Der Weiterflug nach Beijing mit der chinesischen Gesellschaft CAAC erfolgt am Nachmittag. Diesmal ist das Flugzeug randvoll. Ich bin froh über einen Fensterplatz, habe aber die Rechnung ohne den Wirt gemacht. Kaum ist die Reiseflughöhe erreicht, beginnt eine sonderbare Vorstellung. Eine Flugbegleiterin zieht an der Kabinenstirnwand ein Rollo auf: Musiknoten mit Schriftzeichen darunter, offenbar ein Lied. Sie liest den Text vor, singt dann eine Strophe und fordert schließlich die Passagiere auf, nachzusingen, dabei mit einem Zeigestock die jeweilige Stelle auf dem Rollo anzeigend. In der Tat: Hier wird ernsthaft ein Lied einstudiert! Nach etwa einer Stunde scheinen Text und Melodie sicher zu sein – ich bin froh und hungrig und erwarte etwas zum Essen. Weit gefehlt! Nun geben die Flugbegleiterinnen (Stewardessen wäre nicht die richtige Bezeichnung) Tanzvorführungen: Zur Gitarre schreiten sie im Gang auf und ab und zelebrieren klassische chinesische Gebärden. Auch das geht vorüber, und schließlich wird mit der Aufforderung, die Tischchen herunterzuklappen, ernsthaft zum Essen gerüstet. Es soll ein Flug der Überraschungen bleiben: Neben grünem Jasmintee serviert man ein Gebäckstückchen und einen harten Apfel, der sich nur geschält als eßbar erweist.

Die Stärkung ist wohl sehr zielgerichtet an dieser Stelle verabreicht worden. Denn kaum abgeräumt, beginnt nun das Hauptthema des Programmes: Die Passagiere haben der Reihe nach aus der Mao-Bibel vorzulesen, und die Flugbegleiterinnen fragen Fluggäste, die sich nach jedem Zitat mit erhobenem Zeigefinger melden, ab. Es geht wohl um die Erläuterung des Textes.

Wir landen in Beijing bei hereinbrechender Dunkelheit. Eine Abordnung der Chinesischen Eisenbahnen und unser Serviceingenieur empfangen mich. Kalt ist es, Mitte Januar, aber es liegt kein Schnee. Dafür pfeift ein unangenehmer Wind und wirbelt viel Staub durch die Luft.

Wir gelangen mit dem Auto rasch in die Stadt. War selbst die Hauptstraße schon spärlich beleuchtet, so empfängt uns das Hotel Min-Zu im elektrischen Flackerlicht zweier großer, roter Fackeln. Die Halle zeigt sich ebenfalls nur im schwachen Schein weniger Lampen, und als ich während der Zimmerzuweisung nach dem Restaurant frage, erfahre ich, daß es nichts mehr zu essen gibt:

»Frühstück morgen ab 7 Uhr«.

Es war dann wohl nur noch konsequent und folgerichtig, daß wir, der Serviceingenieur und ich, die einzigen Gäste in diesem Hotel waren, daß unsere Zimmer nur eine Temperatur von zehn Grad aufwiesen und sich die Gardinen vor den undichten Fenstern bei dem starken Wind, der draußen ums Haus fegte, wie Segel bauschten. Einen Trost hatten wir allerdings: Auf dem Tisch standen die obligatorischenThermosflaschen mit heißem Wasser, um grünen Jasmintee brühen zu können.

Höflichkeit

Ein hoher chinesischer Beamter hatte Gäste in sein Haus geladen. Als die Rikscha vorfuhr, regnete es, und zu allem Ungemach brach ein Rad: Der Gast stürzte. Entsetzt eilte der Gastgeber hinzu, hob den beschmutzten Gast auf und – setzte sich seinerseits in die Pfütze. Gastgeber und Gast waren nun gleichermaßen geschädigt, der Gast hatte *sein*

Gesicht nicht verloren. An dieses Beispiel chinesischer Höflichkeit muß ich denken, als wir in Changcha festsitzen.

Wir hatten eine Lokomotivfabrik besichtigt und waren zum Schluß in einer kleinen, aber durchaus guten Fabrik für Leistungselektronikelemente. Nun sind die Koffer gepackt, am späten Nachmittag soll es weitergehen. Somit bleibt noch Zeit, die Hauptgeschäftsstraße von Changcha anzusehen. Als Techniker imponiert uns die in vielen Läden installierte, absolut sicher arbeitende Geldeinnahme- und Warenausgabevorrichtung: Der Kunde erhält am Verkaufsstand die Rechnung, gibt das Geld, der Verkäufer legt Rechnung und Geld in einen kleinen Hängewagenkorb, gibt dem einen Schubs, und der Wagen saust -huiii – am gespannten Seil quer über alle Köpfe hinweg zur erhöht angelegten zentralen Kasse. Dort werden Rechnung und Geld entnommen, quittiert, das Wechselgeld hinzugetan, und der Wagen saust – huiii – wiederum von einem Handschubs angetrieben, zum Verkaufsstand zurück, wo der Kunde Quittung, Wechselgeld und Ware erhält. Das alles geht sehr schnell – in gewisser Weise perfekt.

Am Bahnhof angekommen, fällt uns nach der Lebendigkeit der Hauptstraße eine verdächtige Ruhe auf. Kein Mensch zu sehen, auch der Warteraum ist leer. Unsere Begleiter werden unruhig, verschwinden, kehren erst nach längerer Zeit mit dem Bahnhofsvorsteher zurück. Ergebnis: Der Zug fährt jeden Tag. Nur heute nicht. Als einziger Ausnahme. Es ist der Tag des chinesischen Neujahrsfestes.

Große Verlegenheit bei unseren Begleitern. Sie haben den Zug herausgesucht, sind vom chinesischen Eisenbahnministerium. Doch das hilft nichts, der nächste Zug fährt 24 Stunden später.

Zurück zum Hotel. Inzwischen erfahren wir, daß der Abend des Neujahrsfestes Anlaß zur wichtigsten Familienfeier des Jahres ist. Das Personal ist daher sofort nach unserer Abfahrt heimgegangen. Ich ahne etwas, versuche, es zu verhindern, aber es gelingt nicht: Im Nu wird ein Kurier ausgesandt, und nach einiger Zeit sind alle Bediensteten wieder da. Die Küche bereitet ein vorzügliches Essen, es gibt Bier und Mou Tai, einen starken Hirseschnaps. Die Stimmung ist großartig.

Chinesische Höflichkeit. Es war ihr Fehler, uns als Gäste in eine unangenehme Situation zu bringen – nun, da sie auf die Familienfeier verzichten, sind Gast und Gastgeber gleich geschädigt. Niemand hat das Gesicht verloren.

Fehlende Zähne

Ein Telefonanruf von der Egyptian National Railways (ENR) aus Kairo ließ uns wissen, daß die letzte Lieferung der sechsradsätzigen dieselelektrischen 2500-PS-Maschinen (Henschel AA 22 T) nicht auf die vereinbarte Geschwindigkeit von 140 km/h komme; in der Zahnradübersetzung würden offenbar »irgendwelche Zähne« fehlen. Wir waren uns keiner Schuld bewußt. So gab ich den Hinweis, doch den Getriebekasten zu öffnen und die Zähne nachzuzählen. Nein, hieß es, Probefahrten nach Alexandria hätten gezeigt, daß die Geschwindigkeit nicht erreicht werde – und das sei ein besserer Beweis als das Zählen von Zähnen. Ich solle nach Kairo kommen und an der nächsten Probefahrt teilnehmen.

Am Flughafen empfängt mich mein Freund Osman Shafik, der pensionierte Chefingenieur der Ägyptischen Nationalen Eisenbahnen. Er sagt mir, daß die Behauptung und die Tatsachen nicht übereinstimmen. Aber da seien neue Leute in der Bahnverwaltung, die es eben besser wüßten.

Der Probezug mit einem Meßwagen Bauart Amsler, den die Ägypter aus der Schweiz bezogen haben, ist vollgestopft mit weißbekittelten Ingenieuren. Die Meßeinrichtung arbeitet auf rein mechanischen Prinzipien. Sie mißt und registriert für unsere Fahrt die Zugkraft, Fahrzeit und Geschwindigkeit auf weißen Papierrollen. Dazu gleiten die Meßzeiger mit Schreibdüsen über das Papier und hinterlassen ihre schwarze Kurvenspur. Mir wird schwummerig bei dem Gedanken, was hier wohl los sein wird, wenn wir bei der gegebenen Gleislage mit 140 km/h fahren werden. Egal, ich gehe auf die Lok.

Nach der Bummelei durch die Gleisfelder der Vorbahnhöfe verlassen wir endlich Kairo und kommen auf die freie Strecke. Wir beschleunigen auf 100 km/h, weiter auf 120, um schließlich 140 km/h zu erreichen – keinerlei Schwierigkeit. Die Lok läuft trotz des schlimmen Gleiszustandes ruhig, doch ein Blick zurück zeigt mir das Tanzen der Wagen. Na ja.

Am nächsten Halt steige ich um in den Meßwagen, schärfe zuvor unserem Servicepersonal ein, unbedingt die 140 km/h beizubehalten. Ein wüster Anblick empfängt mich: Die weißen Kittel der Ingenieure sind mit schwarzer Tusche bekleckert, die Hände ebenso besprenkelt, die Meßstreifen schwarz bekleckst. Das Rütteln und Stoßen des Meßwagens bei 140 km/h hat ein ordentliches Arbeiten der Meßschreiber unmöglich gemacht, und die verzweifelten Bemühungen der Ingenieure, durch direktes Eingreifen doch noch etwas zu retten, enden in unauswertbaren *Ergebnissen.*

Die Lok läuft weiter mit 140 km/h, nur die Wagen können es nicht. Die Meßschriebe werden aufgegeben, statt dessen gibt es unter großen Schwierigkeiten in kleinen Tassen Pfefferminztee, bei der Rüttelei ein wahrhaft artistisches Unternehmen. Ein Blick in die Runde zeigt zwei Lager: Die Ungläubigen sind bedrückt, während die Gläubigen mit heiterer Miene den heißen Trunk schlürfen.

Während des Mittagessens in Alexandria werden wir rehabilitiert. Die Herren von der ägyptischen Bahn trösten mich:

»Sehen sie, so lernen sie endlich einmal Alexandria kennen«.

Das ist in der Tat das Erfreulichste an diesem Abenteuer. Die Rückfahrt nach Kairo findet mit einem Regelzug im Erste-Klasse-Wagen statt. Der Bedarf am Probefahren war gedeckt.

Aufklärung

Auf meinem Schreibtisch liegt ein gewichtiger Brief. Er ist offenbar mit Kurierpost über unsere Abteilung Wehrtechnik vom militärischen Aufklärungsdienst des Bundes gekommen. Staunend lese ich, daß ich um fachliche Mithilfe zur Aufklärung beiliegenden Vorganges angesprochen werde.

Auf einer technischen Messe in der rumänischen Hauptstadt Bukarest war eine große Diesellok aufgestellt Ein Foto war nicht angefertigt worden – aber ein *Aufklärer* hatte die Informationstafel neben dem Objekt abgeschrieben. Diese Tafel *enthielt eine wichtige und absolut unverständliche Bezeichnung des Typs.* Im Brief wurde vermutet, daß es sich um eine *Tarnbezeichnung* handeln müsse, weil die Lokomotive sicher für militärische Zwecke eingesetzt werden soll: *DE 3000 COCO*.

Der Umlauf des Briefes durch die Spezialabteilungen war ersichtlich:

- Abt. Technik, Verkehr: Bezeichnung unverständlich;
- Abt. Sprachwissenschaft, rum. Sprache: DE 3000 hat nichts mit Sprachwissenschaft zu tun. COCO ist eine volkstümliche Ausdrucksweise für kleiner Kuckuck, da Cu oder Co Kuckuck bedeutet und eine Wiederholung die Verkleinerungsform ausdrückt. Es wird empfohlen, zusätzlich Auskunft bei einer Lokomotivfabrik einzuholen.

Somit ist also der Vorgang an mich geraten! Ich muß zunächst herzhaft lachen, dann notiere ich handschriftlich unter den Brief:

- International übliche Bezeichnungen.
- DE = dieselelektrische Leistungsübertragung;
- 3000 = Leistung in PS;
- CoCo = zwei dreiradsätzige Drehgestelle mit Einzelradsatzantrieb (Tatzlagermotoren).

Ich habe nie wieder etwas von dem *Vorgang* gehört.

Elefantenohren

Der Sudan hatte zwanzig 2500 PS starke dieselelektrische Lokomotiven bestellt, die für die Verhältnisse im Einsatzgebiet betont einfach gehalten sein sollten. Insbesondere war Wert auf eine leichte Reparaturmöglichkeit des Lokkastens gelegt worden; Flankenfahrten, Entgleisungen und leichte Zusammenstöße o. ä. erforderten das. Die Struktur des Lokomotivkastens war daher kräftig und ziemlich kantig ausgeführt, ohne Rundungen, um bei Bedarf nur mit Hilfe des Schweißgerätes problemlos Flicken auf- oder einsetzen zu können. Ein niedriger Vorbau schützte den Lokführer bei eventuellen frontalen Auffahrten.

Die Maschinen wurden ausgeliefert und versahen anstandslos ihren

Dienst. Nach über einem Jahr allerdings kam eine Beschwerde: Die Lokführer würden bei der Fahrt durch die Wüste über eine erhebliche Staubbelästigung klagen. Das war uns unverständlich. Bei der Auftragserteilung hatten wir vorsorglich um Sandproben gebeten. Sie lagen immer noch vor: Es war körniger Wüstensand, von der Möglichkeit zur Staubbildung keine Spur.

Wir flogen hin.

Die Hauptwerkstatt der Sudan Eisenbahnen (SR) befindet sich in Atbara, mit einer kleinen Maschine in etwa anderthalb Flugstunden von der Hauptstadt Khartum entfernt. Schon am nächsten Morgen findet die Probefahrt statt. Allerdings stellt sich vor Ort heraus, daß wir auf der falschen Strecke sind. Also zurück und Vertagung auf den folgenden Tag.

Diesmal klappt es. Der Lokführer erzählt mir, daß die Maschinen »sehr in Ordnung« seien, »ziehen wie ein Elefant«, sagt er, und fügt sofort klagend hinzu: »Aber der Staub, nein, nein, das ist unglaublich.«

Nach einiger Fahrzeit kommen wir an eine erste kritische Stelle. Tatsächlich, die Lok wirbelt ungeheuer viel Staub auf, sehr feinen Staub, der durch die kleinste Ritze in den Führerraum dringt. Schon nach kurzer Zeit sehen der Lokführer, die Begleiter und ich aus wie mit Mehl bestäubt.

»Sagen sie«, wende ich mich an den Chief-Engineer, »die Probe mit Wüstensand, die sie uns geschickt hatten, woher stammte die eigentlich?«

»Ja, richtig, wir hatten uns gewundert, wozu sie wohl Wüstensand brauchen, wir haben ihn gleich unter dem Bürofenster in die Tüte gefüllt.«

Damit ist bereits ein wesentlicher Punkt geklärt: Die Lokomotiven mußten nicht allein durch eine Sand-, sondern auch durch eine Steinwüste mit dem entsprechenden Steinmehlstaub fahren Und der andere Punkt liegt ebenfalls klar auf der Hand: Die Strömung des Fahrwindes um die Kanten des Lokomotivkastens verursacht Wirbel mit Unterdruck, die den von den Laufwerken aufgewirbelten Staub ansaugen. Also zurück.

Zum *Empfang* hat sich fast das gesamte Werkstattpersonal zusammengefunden, bildet eine Art Spalier und zeigt lachend mit den Fingern auf uns bestäubte Mehlmänner. Das Henschel-Servicepersonal

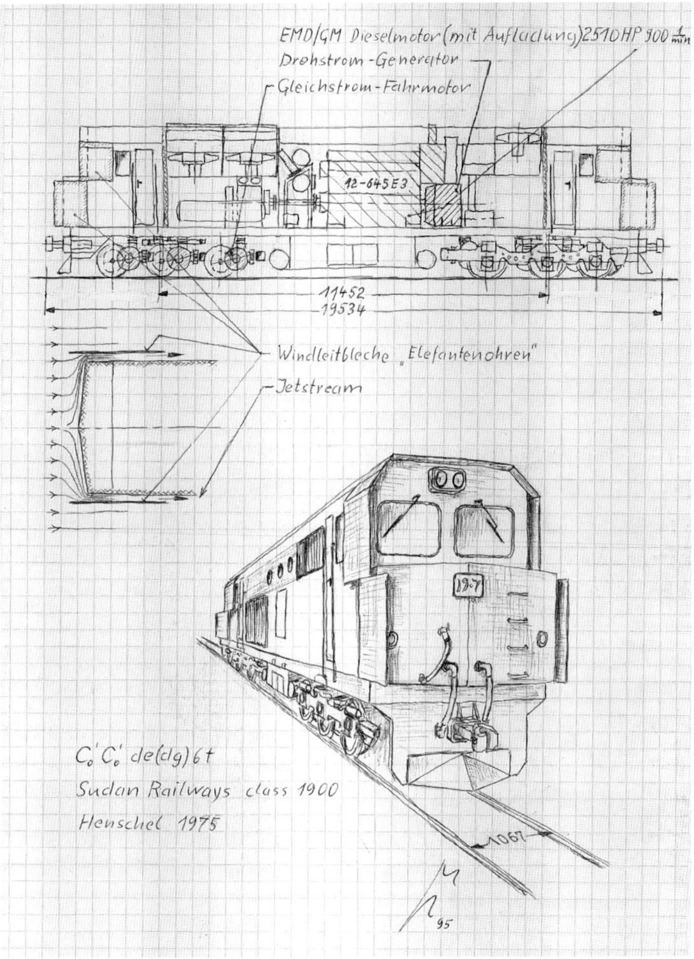

schämt sich ungemein. Nie zuvor ist ihnen so eine Blamage passiert.

Noch am späten Nachmittag lasse ich an den Vorbau unten und im Fensterbereich rechteckige Windleitbleche aus drei Millimeter dickem Blech mit 60 Millimeter Abstand anbauen. Über Nacht werden die Arbeiten erledigt, und am nächsten Morgen starten wir zur erneuten Probefahrt. Die Werkstattleute feixen unverhohlen und freuen sich wohl schon auf unsere erneute staubbedeckte Rückkehr. Sie halten nichts mehr von uns und von den Blechen schon gar nichts: Die würden noch mehr Staub machen.

Die Wirkung ist, wie ich sie erhofft habe: Ein Jetstream an der Lokaußenseite gibt dem Staub keine Chance mehr, in das Führerhaus einzudringen. Auch die Lüfter der Kühlanlage und die Ansaugöffnung für die Verbrennungsluft des Diesels werden fast völlig vom Staub entlastet. Es geht gut, sehr gut sogar.

Das Werkstattpersonal ist zu unserer Rückkehr noch zahlreicher als am Vortag versammelt. Erst Schweigen, als wir sauber von der Lok steigen, dann laut vorgebrachte Zweifel, daß wir überhaupt draußen gewesen seien. Als es der Lokführer bei Allah beschwört, gibt es großes Hallo und Händeklatschen und Palaver.

Die Wirkung der Leitbleche ist mir klar. Um aber mehr Einzelheiten zu erfahren, will ich die Sache filmen. Im Stand und in der Vorbeifahrt ist das einfach zu lösen. Allerdings benötige ich für den aufschlußreichsten Teil, die Verhältnisse während der Fahrt, einen Jeep zum parallelen Mitfahren. Nun, in Atbara gibt es einen Militärstützpunkt. Der Kommandant ist rasch von dem Gedanken angetan und schickt am nächsten Morgen pünktlich den erbetenen Geländewagen nebst Fahrer. Dem gefällt die ungewöhnliche Aufgabe, und er hält sich sehr geschickt an unsere Absprache hinsichtlich Vermeidung von Bodenunebenheiten, Abstand zur Lok, Geschwindigkeit (70 km/h), Stellung zur Lok (Frontpartie). So kann der Einfluß der Luftströmung um die Lokomotive mit und ohne Windleitbleche gut nachgewiesen werden.

Alle sind zufrieden. Dem Lokführer erkläre ich, daß wir bei den Lok-Elefanten etwas vergessen hatten: die großen Ohren. Nun wären sie dran und damit die Elefanten erst komplett. Er lacht fröhlich und wundert sich mit seinen Kollegen aus der Werkstatt, welche Wirkung ein paar Bleche haben können. Und zum guten Ende steht am nächsten Morgen in der Atbara-Zeitung als Headline: Henschel-Loks machen keinen Staub mehr. Unter Mitwirkung der Armee konnte das Problem gelöst werden.

Ground Transportation

Während des Krieges zwischen Irak und Iran waren Reisen in diese Gegend sehr risikoreich. Manchmal konnte von Amman nach Bagdad nachts nur mit abgedunkeltem Flugzeug und Begleitschutz geflogen werden, wobei die Landung auf dem völlig dunklen Flugfeld alles andere als einfach oder angenehm war. Auch in der Stadt war es problematisch: kaum Hotelzimmer und wenig zu essen.

Ich hatte mit der Eisenbahn zu verhandeln. Im sogenannten Internationalen (Haupt-) Bahnhof Bagdad, wo kaum Züge ankamen und abfuhren, war die Hauptverwaltung der IRR, der Iraqi Republic Railways, untergebracht. Dort ging es um den Kauf von 82 dieselelektrischen 2500-PS-Lokomotiven.

Nach den Besprechungen hat sich die militärische Lage zugespitzt; an einen Rückflug ist nicht mehr zu denken. Als Lösung bleibt die Fahrt mit dem Autobus als *ground transportation* über die Grenze nach Amman in Jordanien. Die Abfahrt ist für den Nachmittag angesetzt, so daß uns eine Nachtfahrt durch die Wüste bevorsteht. Die Reisenden sind fast ausnahmslos Ausländer, der Fahrer ein Iraker.

Auf der Straße zur Grenze herrscht ein ziemlich starker Verkehr. Während der Helligkeit geht das. Dann wird es Nacht. Oft ist buchstäblich erst in letzter Sekunde auszumachen, wo die mit vollem Licht kommenden Gegenfahrzeuge fahren. Gewagte Zickzackmanöver sind die Regel – der Fahrer wird hart beansprucht.

Wir haben uns bereits an den ständigen Schlingerkurs gewöhnt, als der Bus plötzlich in hohem Tempo die Straße verläßt und nach kurzer Zeit in der Wüste zum Stehen kommt: Der Fahrer ist vor Erschöpfung schlicht eingeschlafen und nicht mehr wachzukriegen. Was nun? Wer traut sich zu, sich hinters Lenkrad zu setzen? Niemand der Fahrgäste hat bislang einen Bus gefahren. Nach vielem Hin und Her findet sich endlich jemand bereit, und mit zahlreichen Anläufen und kräftigem Schieben ist das Gefährt wieder auf der Straße. Bei den vielen vergeblichen Versuchen haben wir mitunter den Eindruck, Motor und Getriebe flögen auseinander – dem Neuling fehlt es an Routine.

Langsam bricht der Tag an, wir nähern uns der Grenze. Jetzt gelingt

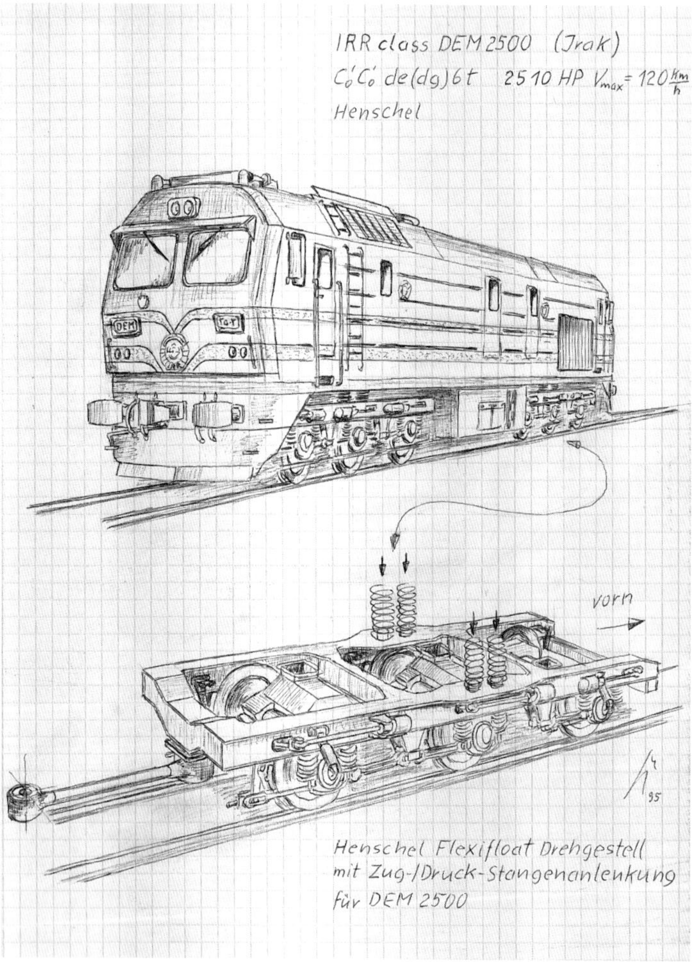

es auch, den Fahrer zu wecken. Noch immer benommen nimmt er seinen Platz wieder ein.

Am Übergang herrscht ein unbeschreibliches Durcheinander. Menschen, Lkw, Eselgespanne, Busse, Kamele. Dazu wird es heiß. Staubtromben (Luftwirbel) bilden sich mit dumpfen Knall, bewegen sich in gewundenen Linien fort, um sich urplötzlich aufzulösen. Polizei und Soldaten mit langen Peitschen versuchen Ordnung aufrechtzuerhalten. Wer den Befehlen nicht folgt, muß mit einem empfindlichen Hieb rechnen.

An der Paß- und Gepäckkontrolle werden wir rasch abgefertigt. Das gleiche wiederholt sich auf der jordanischen Seite, allerdings fehlt einem Reisenden ein Stempel in den Papieren. Und da Stempel für alle Beamte auf der ganzen Welt Heiligtümer sind, muß der Mann zurück und sich sein Papier besiegeln lassen. Wir warten. Nach langer Zeit kommt er endlich, erhält seinen Gegenstempel, eine Sache von Sekunden – wir dürfen weiterfahren.

Kurz vor Mittag erreichen wir in Amman das Hotel. Natürlich ist an ein unmittelbareres Weiterkommen nicht zu denken. Aber ein Trost bleibt: Ich stehe auf der Warteliste für einen Platz im nächstmöglichen Flugzeug.

Durchbiegung

Gerade war ich willens einzuchecken, als die Lautsprecherdurchsage an mein Ohr drang mit der Aufforderung, zur Information zu kommen. Ich war auf dem Weg nach Jakarta in Indonesien, um dann weiter nach Bandung zu fahren, dem Sitz der PJKA, der Indonesischen Staatsbahnen.

Bei der Information lag ein Gespräch aus Kassel an. Man sagte mir, daß ich zuerst nach Medan auf Sumatra fliegen solle, um mir eine von uns gelieferte Lok anzusehen. Sie wäre entgleist und stehe in der Werkstatt, weil der Brückenrahmen ein eigenartiges Verhalten zeige. Der zuständige Vizechef für das Rollende Material würde ebenfalls vor Ort sein und mich abholen. Nähere technische Einzelheiten wisse man nicht, aber offensichtlich sei es wichtig.

Kurz nach Mittag kam ich an, der Vize erwartete mich in der Tat, und ohne den Umweg über das Hotel fuhren wir direkt ins Ausbesserungswerk. Es schien wirklich zu eilen.

Die Lok stand in ihrer schlichten Schönheit auf dem Reparaturgleis.

Ich besah sie von allen Seiten, stieg in die Untersuchungsgrube – von Schäden oder einem eigenartigen Verhalten keine Spur. Nach einigem Hin und Her wurde mir erklärt, daß das Phänomen erst zu sehen wäre, wenn die Lok von den Drehgestellen abgehoben und hochgenommen wäre. Morgen früh sei das der Fall. Also, dann bis morgen.

Gegen neun waren wir wieder vor Ort. Triumphierend wurde mir nun das *Phänomen* demonstriert: Wenn der Rahmen auf den Böcken steht, ist er gerade. Wird er aber vorn und hinten angehoben, biegt er sich um mehrere Zentimeter durch! Das wurde meßtechnisch untermauert, vom unebenen Werkstattfußboden als Bezugsebene aus.

»Sehen sie«, kommentierte der Vize für das Rollende Material, »da kommen 40 Millimeter heraus! So einen Rahmen habe ich noch nie gesehen. Was sagen sie dazu?«

Was soll man sagen, wenn es einem die Sprache verschlägt?

»Absetzen!«

Die Böcke werden im Drehzapfenabstand ausgerichtet und die Lok mit ihrem Rahmen darauf abgesetzt. Dann lasse ich einen Stahldraht spannen, von vorn bis hinten, als Bezugslinie, und ihn mit Gewichten straff halten. Das Meßergebnis: Durchbiegung 4 Millimeter. Nun vorn und hinten anheben und wieder messen: Durchbiegung 23 Millimeter, fast der rechnerische Wert.

»Wo ist das Problem?«

Der Vizechef macht große Augen und glaubt es nicht:

»Der Stahldraht hängt auch durch!«

»Sicher, aber so wenig, daß man es kaum messen kann, und sehen schon gar nicht. Peilen sie doch mal mit dem Auge den Draht entlang.«

Er bleibt störrisch, läßt die Zeremonie fünfmal wiederholen, zum Ärger der Mannschaft, denn die Spindeln der Böcke werden von Hand bewegt. Das Urteil des Vize:

»Das ist nicht korrekt.«

Der Zufall will es, daß in der Werkstatt auf einem benachbarten Gleis eine Konkurrenzlok steht, in ähnlich demontiertem Zustand. Und was sehe ich: Der Brückenrahmen ist durch einen zusätzlichen Bock in der Mitte abgefangen. Das zeige ich meinem Widersacher, aber der lacht:

»Was wollen sie, den Bock in der Mitte können sie herausziehen.«

Er läßt den Werkstattleiter holen und gibt ihm den Auftrag, die

Stütze zu entfernen. »Um Himmels willen, nein, bloß das nicht, der Rahmen biegt sich dann soweit durch, daß die Verformung bleibt und kaum wieder rückgängig zu machen ist. Nein, nein, da liegt zu viel Gewicht drauf,« beteuert er mehrmals, »den können und dürfen wir nicht wegnehmen.«

Mein Vize lenkt ein. Ich erläutere ihm, wie solche Durchbiegungen bei Aufbauten und Rohren konstruktiv aufgefangen werden. Damit ist er zufrieden und erklärt schließlich, daß die Maschine in Ordnung sei und nach der Montage wieder in Dienst gehen könne. Mir gegenüber hat er aber offenbar ein schlechtes Gewissen und fragt, ob ich denn aus der Werkstatt ein Souvenir mitnehmen wolle. Die Wahl fällt

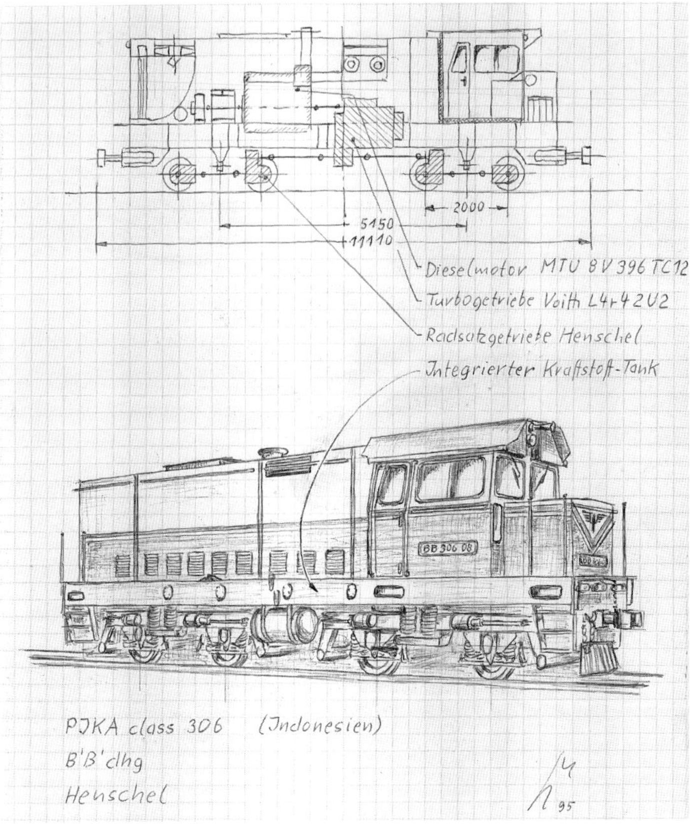

nicht schwer: Ein Messingfabrikschild von Hartmann aus Chemnitz am Dampfdom einer abgestellten Oldtimerin sticht mir seit Stunden ins Auge! Im Nu wird es abgeschraubt, gereinigt, in Papier gepackt und als Präsent der PJKA überreicht.

Dann fliegen wir endlich nach Bandung.

Bazi

Unter Bazi versteht man in südlicheren Gefilden gemeinhin Freunde. Davon kann hier keine Rede sein.

Bei den Konstruktions- und Entwicklungsbüros des Konzerns wurde herumgefragt, wer in der Lage sei, einen Hydraulikbagger und ein Trägerfahrzeug mit Teleskophydraulikkran zu entwickeln und zu konstruieren. Das spezifische Know-how würden zwei versierte Bagger- und Krankonstrukteure einbringen. Die Wahl für das Vorhaben war schließlich auf das von mir geleitete Büro gefallen – eigentlich für die Entwicklung und Konstruktion von Lokomotiven gedacht. Aber ich hätte nun mal die erfahrensten Ingenieure und sei deshalb bestens geeignet, die Sonderaufgabe anzugehen. Na, ja.

Ein Zeitplan mit Kostenaufstellung wird angefertigt und das nötige Personal eingeplant. Als Baumusterleiter habe ich für den Bagger Herrn Arend und für den Kran mit Auto Herrn Heß bestimmt. Herr Arend ist mit termingebundenen Arbeiten dieser Art bestens vertraut, und Herr Heß besitzt als *geborener* Entwicklungsingenieur außergewöhnliche Mechanikkenntnisse.

Also, los geht's. Die beiden Helfer sind pünktlich eingetroffen und nehmen sofort ihre spezifischen Arbeiten auf: die Hebelverhältnisse bei Bagger und Kran zu definieren, denn davon hängen Wirkung und Einsatzfähigkeit ab. Mitten im zügigen Arbeiten erklären die beiden Fachleute eines Tages, daß nun noch ein dritter Mann hinzukäme. Auf mein erstauntes Gesicht hin erläutern sie, daß es der in Fachkreisen alle überragende *Gröbaz* sei.

»Gröbaz?« frage ich, »was ist denn das?«

»Das ist Herr Kirschner, der Bagger persönlich. Größter Baggerbauer aller Zeiten. Deshalb Gröbaz.«

Gröbaz kommt. Er sieht sich alles an, meckert da und dort, ohne wesentliches zu finden oder gar zu korrigieren. Bald beginnt er mir auf die Nerven zu gehen, weil er die Konstrukteure verunsichert. Ich bitte ihn zu einem Gespräch. Es verläuft allerdings wenig ergiebig, denn er weiß es immer besser. Schließlich sagt er:

»Ich habe es geahnt. Mit ihnen als Lokbaz ist eben nicht gut Kirschen essen.«

Meine Verblüffung ist ungeheuer.

»Was meinen sie denn mit Lokbaz?«, stottere ich verwirrt.

»Das können sie sich doch denken: Größter Lokbauer aller Zeiten. Aber hier geht es um einen Kran. Wir können uns deshalb nur einigen, wenn sie ein *Loch* zurückstecken.«

So kam es denn auch. Er verzichtete auf eine *Baggerschaufel*, wir auf einen *Radsatz*. Bagger und Kran wurden gebaut und funktionierten. Der Bagger erhielt in variierten Abmessungen noch zahlreiche Nachfolger, der Kran nur zwei. Jedesmal jedoch, wenn Kirschner kam, verlief die Begrüßung nach folgendem Standard:

»Tag, Lokbaz«.

»Tag, Gröbaz«.

Freunde – siehe oben – sind wir allerdings nie geworden.

Der Slip

Während der Kulturrevolution in China, es muß etwa 1974 gewesen sein, hatten wir im Bahnbetriebswerk Beijing (Peking) zu tun und waren im Hin Chiao-Hotel untergebracht. Das große Haus war nur von acht Gästen bewohnt, vier Geschäftsleuten, zwei afrikanischen Studenten sowie uns beiden. Nach Feierabend war weder im Hotel noch in der Stadt irgend etwas los. Wir aßen recht gut die schmackhafte nordchinesische Küche und tranken ansonsten Wu chin Beijing bijou (Fünf-Sterne-Peking-Bier) auf dem Zimmer.

Wohl mehr der Abwechslung als der Notwendigkeit halber kam mein Kollege auf die Idee, Wäsche waschen zu lassen. Er hatte sie beim Etagenzimmerwärter abgegeben, es schien gut zu funktionieren. Den Tag darauf kam derselbe Mann zu uns, stammelte in schlechtem Englisch etwas Unverständliches und verschwand. Die Sache klärte sich, als der Dolmetscher klopfte: Beim Waschen ist eine Unterhose kaputt gegangen. Der Wäscher, der die Unachtsamkeit begangen hat, ist ermittelt und hat sich zur Schuld bekannt. Er wird sich persönlich entschuldigen. Der Schaden wird ersetzt. Unseren Einwand, daß so etwas durchaus einmal vorkommen könne und daß es sich um eine gebrauchte Unterhose handele, ließ er nicht gelten:

»Der weise Führer Mao Tse-tung lehrt: Wer Schaden anrichtet, muß den Schaden wiedergutmachen. Das ist ein Gesetz zur Erziehung. Das muß eingehalten werden, damit die Qualität weiter verbessert wird.«

Es hatte keinen Zweck, weiter darüber zu diskutieren.

Am nächsten Tag erschien nicht allein der Bösewicht, sondern eine ganze Abordnung. In einer Begrüßungszeremonie stellte der Dolmetscher die Mitglieder vor: der Hoteldirektor, der Abteilungsleiter für Allgemeine Dienste, der Leiter der Wäscherei, der Etagenzimmerwärter und der Schuldige. Der bekannte, beim Waschen der Unterhose die Sorgfalt für fremdes Eigentum nicht beachtet zu haben. Deshalb komme er für den Schaden auf. Er habe eine neue Unterhose ähnlicher Art gekauft und überreiche sie dem Geschädigten. Er bitte vielmals um Entschuldigung.

Alle warten gespannt auf die Reaktion meines Kollegen. Er nimmt das Päckchen mit einer Verbeugung entgegen, öffnet das Band und entnimmt dem Papier die Hose. Verblüfft starren alle hin, er wendet das Ding mehrmals, und wir beide müssen unbändig lachen: Ein Damenslip! Die Delegation teilt unsere Fröhlichkeit überhaupt nicht. Mit großem Entsetzen wird der erneut Schuldige angezischelt, es folgen hochernsten Gesichtes mehrere Entschuldigungen aller Delegationsmitglieder und die nachdrückliche Erklärung, daß es sich nicht um eine Provokation handele. Dann zieht sich die Abordnung schnellen Schrittes zurück. Versuche unsererseits, die Belanglosigkeit doch humorvoll zu nehmen, verhallen auf dem langen Korridor.

Zwei Tage später übergab der Etagenzimmerwärter meinem Kollegen erneut ein Päckchen. Es enthielt neben einer Männerunterhose ein Entschuldigungsschreiben des Direktors. Doch die Mao-Bilder in unseren Zimmern waren abgenommen. Das hieß, daß wir fortan nicht mehr zuvorkommend behandelt werden würden. Wir hatten respektlos die Delegation ausgelacht, die in einer sehr ernsten Angelegenheit zu uns gekommen war.

Fahrkunst

Es war schon sehr spät am Abend, als ich ankam. Ein schlaksig wirkender uniformierter Fahrer in mittleren Jahren nahm mich im Auftrag der Firma Brush, Loughborough (Großbritannien), in Empfang, um mich ins Hotel zu bringen. Er verstaute meine Tasche und meinen kleinen Koffer, hielt mir die Tür auf und warf sich dann rechts neben mich auf seinen fellbezogenen Sitz. Ich war erschrocken. Zum einen ist es immer wieder gewöhnungsbedürftig, beim englischen Linksverkehr in Autos mit Rechtslenkung zu steigen, und zum anderen konnte der Mann in seiner lässigen, mehr liegenden als sitzenden Haltung kaum über die Unterkante der Windschutzscheibe gucken.

Erwartungsgemäß fuhr er im Kavalierstart mit einer ungeheuren Beschleunigung los. Mit Tempo nahm er alle Straßenecken in der Stadt, bis die Landstraße vor uns lag. In den meisten Fällen konnte ich im Scheinwerferlicht die Kurven erst ausmachen, wenn wir in sie hineinrasten. Beklommen saß ich neben dem Fahrer: Ich sah, wie er sich amüsierte.

Beim nächsten Dorf schöpfte ich Hoffnung auf eine kleine Erholungsphase. Fehlgedacht – weiterhin volles Rohr. Meine Bitte, doch die Geschwindigkeit ein wenig zu drosseln, quittierte er mit einem Kopfnicken – ansonsten kein Resultat.

Dann kam, was kommen mußte: Eine Katze. Ich sah im aufgeblendeten Scheinwerferlicht, wie sie sich durch einen Lattenzaun drückte

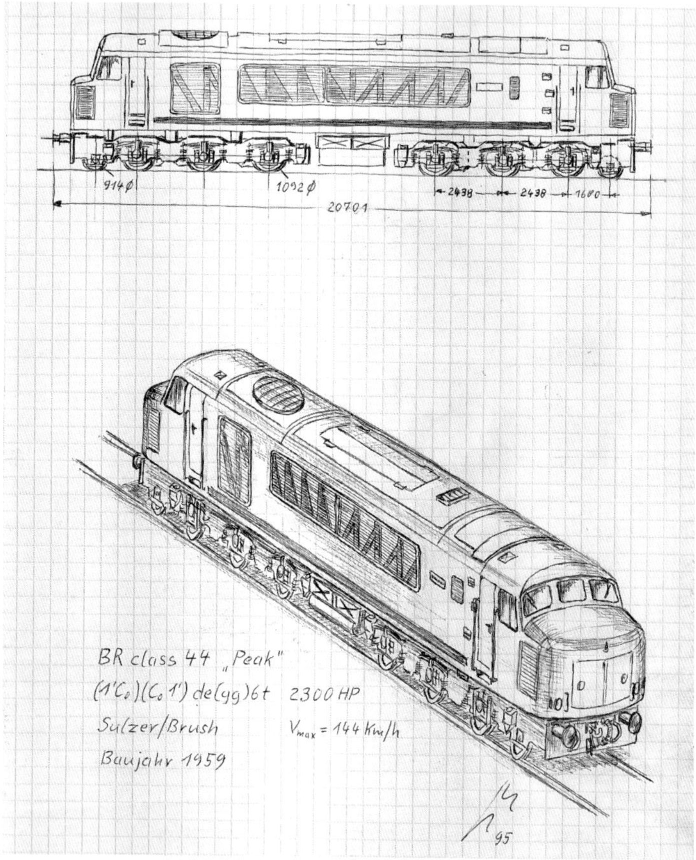

und in zwei, drei Sprüngen auf die Fahrbahn zulief. Jupp – hatte das Auto sie erfaßt, ein ganz kurzes Rumpeln – weg waren wir mit unveränderter Schnelligkeit. Zeitlupenhaft langsam drehte der forsche Mann seinen Kopf zu mir:

»You think the cat died?«

»Yes.«

Er drehte den Kopf langsam wieder nach vorn. Ich war froh, denn nun sah er bei dem Höllentempo wieder auf die Fahrbahn. Und dann, nach einer langen Pause:

»Oh.«

Driver's Tea

In Pakistan hatte ich bei den Besprechungen über dieselelektrische Großlokomotiven einen schweren Stand. Der Generalmanager der Pakistan Railways (PR) ließ mich unumwunden wissen, daß ich keinerlei Erfahrung hinsichtlich seiner Bahn hätte und deshalb wohl schwerlich eine geeignete Konstruktion vorschlagen oder entwickeln könne. Das traf zwar zu, brachte mich aber nicht in Verlegenheit. Vielmehr schlug ich vor, dem Mangel sofort abzuhelfen und mir die Gelegenheit zu geben, das Breitspurnetz in zwei Wochen auf den Lokomotiven von Regelzügen abzufahren. Sichtlich überrascht und erstaunt willigte er sofort ein und stellte sogleich eine *footplate permission*, eine Mitfahrberechtigung aus: freie Fahrt für mich auf den Lokomotiven sowie für drei Diener und Gepäck im Wagen. Als Ausweis übergab man mir eine kreisrunde Marke von etwa fünf Zentimeter Durchmesser, zur bequemeren Handhabung in der Mitte zusammenklappbar.

Nach eingehendem Studium der Streckenkarte und der Fahrpläne stellte ich die Reiseroute auf und trat bereits am nächsten Morgen an: früh um sechs Uhr Abfahrt von Rawalpindi. Eine Reisetasche enthielt das Unabdingbare, wie Waschzeug, Wäsche und ein paar sonstige Kleinigkeiten, vor allem aber Geld und Werbegeschenke. Diener und Gepäck benötigte ich nicht, Essen wollte ich unterwegs kaufen.

Der Lokführer und sein Beimann sind nicht lange über den unerwarteten Besuch erstaunt. Der Führer spricht leidlich englisch, wir verstehen uns bald recht gut. Nach einiger Zeit bedeutet er dem Beimann, den in diesen Ländern obligatorischen Tee zuzubereiten. In den meisten Fällen haben die Lokomotivhersteller an diese Zeremonie nicht gedacht und deshalb keinen elektrischen Anschluß für eine Kochplatte vorgesehen. So auch hier. Doch vor meinen erstaunten Augen geht der Beimann mit zwei ominösen Kabelklemmen an die Hochspannung der Leistungsübertragung und schließt den selbstgebastelten Kocher an: ein Gehäuse aus Ton, mit Drahtwendeln in schlangenförmigen Nuten. Er steht wacklig auf dem Führerhausfußboden. Die Wendeln glühen bei 600 Volt beängstigend hellrot. Gelassen stellt der Mann einen Topf mit Wasser und viel gebrochenen Teeblättern zum Kochen auf.

Mindestens 15 Minuten läßt er es brodeln, dann nimmt er das Gebräu von dem lebensgefährlichen Kochgerät, gibt Milch und viel Zucker hinzu, seiht die Flüssigkeit durch ein Sieb in die Tassen: Driver's tea – ich muß sagen, daß er nicht nur auf die Lok paßt, sondern auch vorzüglich schmeckt. Besonders im warmen Staub bei 100 km/h.

Gegen Mittag werden Lok und Mannschaft gewechselt, am Abend erreiche ich Rohri, wo ich ein paar unbequeme Stunden zum Ausruhen habe. Um drei Uhr früh geht es bereits weiter. Der Schnellzug nach Quetta fährt pünktlich ab. Das Tragwerk der Brücke über den Indus wird von den Lokscheinwerfern gespenstisch beleuchtet. Dann beginnt die Fahrt querab durch die Wüste nach Mach. Inzwischen gibt es wieder Driver's tea. Das Lokpersonal teilt das Essen mit mir: Lammcurry mit Fladenbrot. Es gibt nichts gegen diese Speise einzuwenden. Allerdings: Empfindlich darf man nicht sein, denn ein wenig Dreck reinigt bekanntlich den Magen.

In Mach, vor der Steigung nach Quetta, Personalwechsel. Der Lokführer kommt mit seinem Beimann. Der trägt die übliche Kiste mit ihren Utensilien und dem Elektrokocher. Doch der Lokführer hat ein weiteres Bündel bei sich. Er lacht, als er meinen erstaunten Blick bemerkt. Ja, meint er, wenn man sein ganzes Leben auf einem Blechkamel (wörtlich) verbringt, stört die unwohnliche, unbequeme Ausstattung des Führerraumes. Spricht's, schnürt das Bündel auf, rollt daraus einen genau passenden Teppich auf den Führerraumboden, belegt seinen Sitz und den des Beimannes mit Bezügen, überzieht auch das Fahrpult und – ich traue meinen Augen kaum – hängt ringsum Gardinen an die Fenster, alles in einem Blauton gehalten.

Er ist offensichtlich mit meiner Überraschung zufrieden. Nur, als ich ihn und sein Werk mit meiner Schmalfilmkamera aufnehmen will, stoppt er mein Vorhaben: Erst will er seine Uniformjacke in Ordnung bringen und auch die Mütze aufsetzen. Er hat offenbar nicht bemerkt, daß die Kamera bereits während der ganzen Wohnrauminstallation gelaufen war. Also kommen noch offiziell ein paar Meter Film hinzu.

Beim driver's tea erzählt der Lokführer, es habe sich schnell in den Bw herumgesprochen daß ein Chefkonstrukteur einer großen Lokfabrik in Europa unterwegs wäre und auf den Lokomotiven herumfahre. Er hätte sich sofort darum bemüht, mich als Gast auf seiner Maschine zu haben, um mal seine Sorgen loszuwerden.

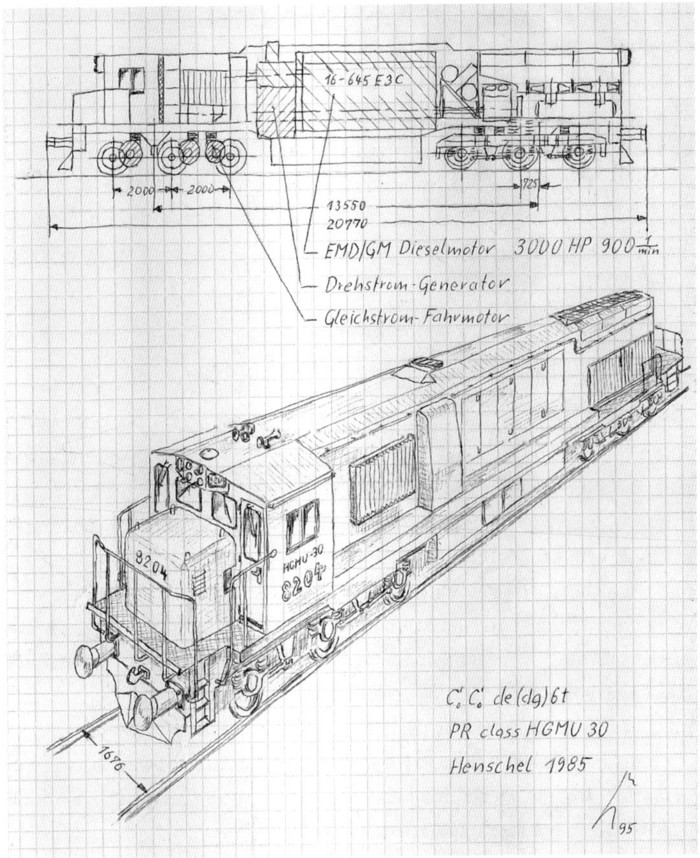

»Sehen sie, die Kisten für unsere Sachen – kein Platz, um sie zu verstauen. So stehen sie immer im Führerraum herum. Und dann die Stirnwandtür, sie lärmt dauernd. Fahren wir langsam, brummt sie tief, fahren wir schnell, pfeift sie in hohen Tönen. Ich brauche gar kein Tachometer, sondern höre immer, wie schnell wir fahren.«

Beim nächsten Halt sehe ich mir die Türdichtung an. Eine billige Konstruktion, die Dichtlippen werden vom Fahrtwind aufgedrückt, vibrieren und erzeugen so die unterschiedlichen Frequenzen. Unangenehm.

Es sind noch eine Menge Kleinigkeiten, die der kritische Mann mir zu sagen hat. Kleinigkeiten, gewiß, aber da diese Leute einen wesentliche Teil ihres Lebens in diesen vier fahrenden Wänden unter Lärm und mißlichen klimatischen Bedingungen verbringen müssen, sind sie sehr ernst zu nehmen. Ich habe viel gesehen und gehört auf diesen Fahrten – und viel dazugelernt. Selbstverständlich hat sich das später in der Konstruktion von neuen Führerräumen niederschlagen.

Der Einmillionste

Aller 14 Tage mußte ich nach München, um Vorlesungen an der TU zu halten. Dazu benutzte ich die Eisenbahn. Vom Hauptbahnhof hatte ich eine bequeme Verbindung, da die S-Bahn quasi im Keller meines Hotels hielt.

So auch diesmal. Ich komme an, steige aus – doch was ist das? Die Tür des Hotels wird von innen fast aufgerissen, ich gehe hinein und schreite durch ein Spalier der Hotelangestellten und neugieriger Zuschauer. Eine junge Dame lächelt mich freundlich an:

»Herzlich willkommen, wir warten schon geraume Zeit auf sie.«

Zwei-, dreimal zuckt das Blitzlicht eines Fotografen auf.

»Moment,« wehre ich ab, »sie verwechseln mich.«

»Nein, nein, das hat schon seine Richtigkeit. Kommen sie, der Herr Direktor erwartet sie.«

Ein würdiger Herr im Busineßdreß kommt mit breitem Lächeln auf mich zu:

»Da sind sie ja endlich – herzlich willkommen!«

Mir wird es zu dumm. Was ist hier los? Warum dieser Empfang? Wem gilt er? Was hab ich damit zu schaffen? Laut erkläre ich:

»Meine Herrschaften, mir ist das unangenehm, was sie mit mir hier treiben. Meiner Firma habe ich gesagt, daß ich nach Hamburg reise, sie aber fotografieren mich in München. Und draußen wartet meine Freundin, die auch nicht gerade auf ein Foto erpicht ist. Darf ich endlich erfahren, was hier gespielt wird?«

»Ja, also – entschuldigen sie – herzlich willkommen – sie sind unser einmillionster Gast – wünschen sie, daß wir alles abbrechen, weil es ihnen nicht recht ist?«

»Ach so, aber das hätten sie doch gleich sagen können. Nein, nein, machen sie nur weiter, das mit meiner Firma und meiner Freundin stimmt nicht, es war eine Art Notwehr. Ich bin ja nicht zu Wort gekommen.«

»Herzlichen Dank, entschuldigen sie die Panne, sie haben recht. Dürfen wir sie nun noch einmal bitten? Wo ist das Präsent? Die Blumen, bitte! So, wollen Sie, bitte, hierher treten, wir möchten ein kleines Foto machen zur Erinnerung für sie und uns.«

Ein Riesenblumenstrauß wird angeschleppt, zu groß, als daß ich ihn umfassen könnte. Für das Bild wird er gevierteilt, dann Aufstellung in der Halle, wo zwischen zwei Säulen ein Spruchband hängt: *Der 1 Millionste Gast!*

Abgeschlossen wird die Zeremonie mit der Übergabe eines Präsentkorbes.

»Na ja,« meine ich sarkastisch zu dem immer noch strahlenden Direktor, »das ist ja nett, diese Aufmerksamkeit. Aber wissen sie, ich bin nicht allein der einmillionste Besucher, ich bin seit Eröffnung ihres Hotels hier Stammgast. Da habe ich doch eigentlich ein kleines bißchen mehr verdient, meinen sie nicht auch?«

»So, sie sind Stammgast? An was haben sie denn gedacht?«

»Was halten sie denn von einer vierzigprozentigen Ermäßigung auf den regulären Zimmerpreis?«

Er ist verblüfft, fängt sich aber rasch und reagiert dann gefaßt:

»Also gut, abgemacht. Solange sie hier absteigen – vierzig Prozent. Ich lasse es an der Rezeption notieren.«

Vierzehn Tage später bekam ich die hauseigene Hotelzeitung zugeschickt. Mein Konterfei mit Blumen, Säulen und Spruchband. Darunter: *Herr Deutsch ist unser 1 Millionster Gast. Herzlichen Glückwunsch!* Ich mußte herzhaft lachen. Herr Deutsch war wohl ein Ablesefehler in der falschen Spalte, wo gewöhnlich bei der Anmeldung die Staatsangehörigkeit eingetragen wird.

Monate später sprach mich im Hotel ein sehr junger Mann an. Er sei Auszubildender hier im Hotel und seinerzeit beim Empfang des einmillionsten Gastes dabeigewesen. Vorher hätte der Direktor einen Vortrag gehalten, wie man so einen Empfang organisiere. Dann sei aber alles anders gekommen und schief gelaufen, und sie hätten sich als Auszubildende gewaltig amüsiert. Nun stünde die Lehrabschlußfeier ins Haus, und sie wollten diesen Empfang von damals in einem Sketch karikieren. Ob ich etwas dagegen habe.

Warum sollte ich? Und es sei ein großer Heiterkeitserfolg geworden, trug man mir später zu. Nur der Direktor hätte es wohl nicht für so komisch gehalten.

Erfindungen

Es bleibt nicht aus, daß an Werke wie Henschel Vorschläge zu mehr oder minder gelungenen Verbesserungen und Erfindungen herangetragen werden. Die Überlegungen solcher kreativen Zeitgenossen machen vor nichts halt, weder vor Einzelheiten noch vor Grundsätzlichem. Für die Beurteilung derartiger Angebote sind in der Regel die Konstruktionsbüros der Maschinenfabriken zuständig, wobei in unserer Firma der Grundsatz galt, daß jeder Gedanke zu prüfen sei. Es hätte ja immer ein verwertbarer Ansatz dabei sein können, den wir selbst aus Betriebsblindheit nicht sehen würden. So kamen sie denn auch stets auf meinen Tisch.

Besonders ergiebig war die Zeit des Überganges vom Dampfbetrieb auf die elektrische Zugförderung. Statt die freiwerdenden Dampflokomotiven zu verschrotten – so lautete ein Vorschlag – solle man sie, ohne Tender, direkt mit elektrischen Lokomotiven kuppeln. Da die Streckenführung nämlich durch ein ständig folgendes Auf und Ab gekennzeichnet sei, könne der Dampflokteil dieses Doppeltraktors bei der Talfahrt infolge der *Schwungnetik* als bremsender Luftkompressor arbeiten und die Druckluft im freigewordenen Dampfkessel speichern. Das gelte auch für jedes Bremsen zum Halt. Danach stünde für die anschließende Bergfahrt oder für das Anfahren die komprimierte Luft als Energiespeicher zur Verfügung, d. h., der Dampflokteil würde dann als Druckluftlokomotive arbeiten, und um diesen Leistungsanteil könne die elektrische Lokomotive kleiner gehalten werden.

Ein anderer Vorschlag hätte eher ins Verteidigungsministerium gehört, denn er befaßte sich mit dem Feind. Damit dieser beim Eindringen ins Land die Eisenbahn nicht als solche erkennt und – falls er es doch tut – sie nicht für seine bösen Ziele benutzen kann, schlug jemand vor, im Abstand von 20 bis 30 Meter Stützen in Linie aufzustellen, an denen außen im parallelen Abstand Räder angebracht sind (Radweite, im Prinzip der Spurweite entsprechend). Die mit diesem System korrespondierenden Fahrzeuge müssen eine Länge mindestens des doppelten Stützenabstandes erhalten. An den Außenwänden dieser Wagen werden Schienen angebracht, die auf den Stützrädern laufen. Die Stützräder werden elektromotorisch angetrieben, um die Fahrzeuge zu bewegen. Bei Talfahrt werden die Motoren als Generatoren geschaltet und dienen zum Bremsen bzw. zur Energierückgewinnung. Für die speziellen deutschen Verhältnisse ergibt sich zudem der günstige Umstand, daß von den Alpen bis zur Nordseeküste ein stetes Gefälle besteht. Damit sind Tal- und Bergfahrt gleich, so daß in beide Richtungen praktisch keine zusätzliche Energie benötigt wird. Das wahrhaft Bedeutende dieser Erfindung aber, so schrieb der Einsender, sei die Tatsache, daß der Feind die Bahn als solche überhaupt nicht erkenne, wobei erschwerend hinzukomme, daß es keine Lokomotiven gäbe. Solle er dennoch die Bahn erkennen, könne er sie nicht nutzen, denn von seiner Bahn besäße er ja nur die üblichen Fahrzeuge mit Rädern, und die Schienen lägen bei ihm bekanntlich auf dem Boden.

Wie arbeitsintensiv das *Erfinden* für beide Seiten – den Erfinder und den Gutachter – sein kann, mag eine letzte Episode belegen. Jemand hatte einen Hebelmotor als Fahrzeugantrieb vorgeschlagen, eine sehr komplizierte Angelegenheit. Wir waren fast vierzehn Tage damit beschäftigt, den Trugschluß dieses *Parallelobipedmobils* aufzudecken. Danach war ein Abschlußgespräch unumgänglich. Der Erfinder erwies sich in der ausführlichen Unterhaltung einsichtsvoll. Doch zum Schluß unterbreitete er eine Bitte: Er würde gern ein Schriftstück haben wollen, aus dem hervorgehe, daß die Ausarbeitungen sehr viel Zeit gekostet hätten. Er benötige diesen Beleg zur Vorlage beim Finanzamt, um glaubhaft zu machen, daß sein Umsatz wegen der intensiven Arbeit an seiner Erfindung so stark zurückgegangen sei.